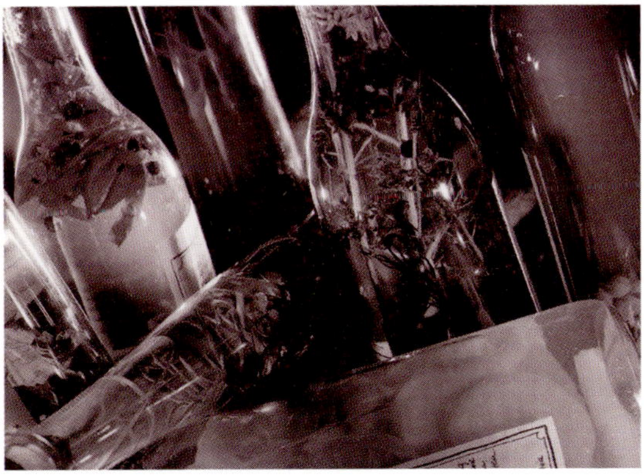

Zeit für saure Sinnlichkeit Essig

Georg Heinrich Wiedemann, Leiter des berühmten Weinessiggutes „Doktorenhof" in der Pfalz, hat schon zwei Jahrzehnte seines Lebens dem Wein und dem Weinessig gewidmet. Er produziert edle Eigenkreationen für Feinschmecker aus aller Welt.

GEORG HEINRICH WIEDEMANN

ZEIT FÜR SAURE SINNLICHKEIT ESSIG

FALKEN

Tresterglas

Vorwort

Liebe Leserin, lieber Leser,

Essig, das feinsäuerliche Elixier, bedeutet für mich mehr als nur ein Mittel zum Würzen von Salatsauce und Linseneintopf oder zum Einlegen von Gurken. In meinem Weinessiggut Doktorenhof in der Pfalz stelle ich aus hochwertigen Weinen und anderen ausgesuchten Zutaten Aperitif- und Würzessige für Genießer her.

So verwöhne ich meine Gäste gerne mit Gerichten wie „Gefüllte Hähnchenbrust mit Silvaneressig-Sauce",

„Gebackene Weißfische in Rieslingessig" oder „Rehfilet auf Kohlrabispagetti mit Gelee vom Spätburgunderessig". Die Rezepte für diese und weitere Köstlichkeiten der feinen Essigküche habe ich für Sie in diesem Buch aufgeschrieben.

Doch Essig ist für mich auch eine Philosophie, geboren aus uralter Tradition. Als ich beim Studium alter Schriften auf das saure Elixier stieß, war ich überrascht, welche Geschichte es im Laufe der Jahrtausende erfahren hat. Früher galt es als wertvolles Konservierungsmittel für Obst, Gemüse und Fleisch; sogar als Medizin gegen viele Krankheiten. Essig war damals unentbehrlich, er half den Menschen beim tagtäglichen Kampf ums Überleben.

Doch wie so vieles ist das Wissen unserer Ahnen heute schon fast in Vergessenheit geraten. Folgen Sie mir deshalb durch dieses Buch und erfahren Sie Interessantes und Genüssliches aus der Welt der sauren Sinne.

Ihr Georg-Heinrich Wiedemann

EINE KLEINE REISE DURCH DIE GESCHICHTE

VON „YING“ UND „YANG“

Der Mensch entdeckte den Essig wahrscheinlich schon vor 10.000 Jahren. Die ersten belegten Beweise für seine Nutzung kommen aus dem alten China, sechs Jahrtausende vor Christi Geburt. Der Essigkrug gilt dort bis heute als das Symbol des Lebens.

Die Chinesen teilen die Nahrungsmittel nach „Ying-und-Yang", also nach dem Prinzip der Gegensätze, in kalte und heiße Speisen auf. Essig gilt demnach als ein heißes Lebensmittel. Wenn ein Mensch krank ist, so sagen sie, herrsche in seinem Körper ein Ungleichgewicht der Kräfte, das durch gezielte Ernährung wieder behoben wird. So soll er bei Fieber kalte Nahrung zu sich nehmen, eine Frau nach einer Geburt brauche jedoch heiße Speisen. Deshalb bekamen die Wöchnerinnen in China einen Monat lang täglich drei Schalen

von „In Ingwer und Essig geschmortem Schweinefuß" zu essen. Heute weiß man, dass der Essig aus dem Schweineknochen das wertvolle Kalzium herauslöste, das die junge Mutter dringend brauchte.

Die Japaner konservierten schon im 17. Jahrhundert rohen Fisch, indem sie ihn in Essig-Reis einpackten. Die Säure verhinderte die Vermehrung von Krankheitserregern. So entstand also das heute von Feinschmeckern so geliebte „Sushi". Auch die hauchzarten Ingwerscheiben, die als Beilage zum Sushi gereicht werden, sind in Reisessig, Wasser und Zucker eingelegt.

Der Zaubertrank der alten Römer

Viele Hochkulturen des Altertums, wie Ägypter, Perser, Römer, Griechen, Assyrer, Babylonier und Inder stellten Essig für den Hausgebrauch her. „Saures Bier", also Bieressig, war bereits 4000 Jahre vor unserer Zeitrechnung in Mesopotamien sehr beliebt. Der griechische Gelehrte Hippokrates berichtete (460 v. Chr. bis 377 v. Chr.) über Anwendungen des Essigs bei Atemwegserkrankungen und Verdauungsbeschwerden. Mit in Essig eingelegten Rosenblättern linderten die Griechen Entzündungen sowie Schwellungen der Haut und auch den Sonnenbrand.

Und schließlich bekamen die römischen Legionäre keinen Wein in ihre Feldflaschen, sondern Wasser mit Essig, das so genannte „Posca". Es sollte vor Erkältungen schützen und wegen der Klimaschwankungen in fernen Ländern widerstandsfähig machen. Mit „Posca" war auch der Schwamm getränkt, den ein mitleidiger Legionär dem am Kreuz hängenden Jesus reichte.

50 Jahre später schrieb der römische Schriftsteller Lucius Junius Moderatus Columella in seinem Werk „De re rustica" über das Brauen von drei verschiedenen Sorten Essig aus Trauben, Feigen und gerösteter Gerste.

Weitere 100 Jahre später berichtete Athenaeus in seinem Buch „Depnosophistos", dass Griechen und Römer ganz erhebliche Ansprüche an die Qualität eines Essigs stellten. Sie liebten die Essige aus den griechischen Regionen „Sphette", „Kleone" und „Knidos". An der Spitze ihrer Gunst stand allerdings ein Essig aus Ägypten, der wahrscheinlich ein Feigenessig war.

Kleopatras Wette

Kleopatra, die berühmte und schöne Königin Ägyptens, wettete, dass sie ein Menü für nur 1 Person zusammenstellen könne, das 1 Million Sesterzen koste. Das war unvorstellbar, denn von so viel Geld konnte damals eine Großfamilie viele Jahre lang verschwenderisch leben.

Kleopatra ließ sich also einige erlesene Speisen kommen und bestellte dazu ein ganz besonderes Getränk: Es waren in Essig aufgelöste Perlen im Wert von 1 Million Sesterzen. Und so gewann die schöne Königin ihre Wette.

Der Essig und der Klerus

Im Mittelalter galten selbst gemachte Mixturen aus Kräuteressigen als unfehlbares Mittel gegen Hexerei und allerlei Krankheiten, wie Pestillenz, Lethargie, Appetitlosigkeit, Schlafsucht und schlechte Laune (vielleicht stammt das Sprichwort „sauer macht lustig" ja aus dieser Zeit?).

Damals waren es vor allem Mönche und Nonnen, die in der Abgeschiedenheit hinter den Klostermauern wissenschaftliche Studien betrieben. Auch über die Herstellung und Verwendung von Essig machten sie sich ihre Gedanken. Am bekanntesten sind wohl die Schriften der Hildegard von Bingen, einer Nonne und späteren Äbtissin, die nahe Bad Kreuznach wirkte. Sie schrieb ein Kochbuch, in dem sie sich auch mit der Heilkraft des Essigs beschäftigte, doch davon später mehr.

Arnaldus von Villanova war einer der berühmtesten Mediziner des 13. Jahrunderts. Sogar Könige und Päpste ließen sich von ihm behandeln. Er verwendete damals konzentrierten Essig, um seine Patienten nach einer Operation aus der Narkose wieder aufzuwecken.

Mit der Herstellung von Essig konnte man damals ein kleines Vermögen verdienen und so wurden bereits im 16. Jahrhundert Steuern auf dieses begehrte Handelsgut erhoben.

Ein Duft, der die Sinne betört

Im 17. Jahrhundert, der „Hoch-Zeit" der Düfte, herrschte an den europäischen Adelshöfen große Nachfrage nach Parfüms, Puder und Cremes, nach Duftbädern, Schönheitspflästerchen und vielem mehr. Denn auch bei Hofe nahm man es mit der Hygiene nicht allzu ernst. Waschen war unbequem und so entschieden sich die vornehmen Herrschaften für den einfacheren Weg; sie überdeckten die schlechten Gerüche einfach mit Parfüm.

Noch schlimmer ging es beim gemeinen Volk in den Großstädten zu. Paris war eine einzige Kloake. Abfall und Fäkalien wurden einfach in den Fluss oder auf die Straße geworfen. Und auch die typischen Gerüche verschiedener Berufsstände trugen das Ihre bei. Nahe der Seine war es zum Beispiel das Gerberviertel, in dem es beißend nach Tierhäuten und Gerbflüssigkeit stank.

Dies war die Blütezeit der Parfümeure, die aus Essig Düfte für alle Gelegenheiten herstellten. Sie waren auch in der Herstellung von Speiseessig wahre Meister. Und so erfand einer von ihnen den berühmten „Vier-Räuber-Essig", um den sich eine finstere

Geschichte rankt. Dieses „magische Elixier" war eine Mischung aus Weinessig, Honig, Pfefferminze, Lavendel, Orangenblüten, Rosmarin, Kümmel, Macis, Zimt, Vanille, Kampfer und Kalmuspulver (aus der Wurzel einer ingwerähnlichen Pflanze).

In der Zeit, als der „Schwarze Tod" in Frankreich wütete, traute sich niemand in die Häuser der Toten, aus Angst vor Ansteckung. Bis auf vier Räuber. Sie plünderten die verlassenen Häuser aus und nahmen alles mit, was wertvoll war. Aber keiner von ihnen erkrankte an der Pestillenz. Es dauerte lange, bis sie gefasst und vor einen Richter geführt wurden. Eigentlich sollten sie geköpft werden. Doch sie erwirkten eine Strafminderung, indem sie Ihr Geheimnis verrieten: Sie hatten als Abwehrmittel einen bestimmten Essig getrunken, den man von nun an „Vier-Räuber-Balsam" nannte. So wurden Sie lediglich gehenkt! – Das Rezept blieb jedoch bis heute erhalten. Durch das Studium alter Schriften habe ich es entdeckt und wieder zu neuem Leben erweckt. In meinem Weinessiggut Doktorenhof ist der Vier-Räuber-Essig erhältlich.

Industrielle Essigproduktion

Die Menschen stellten nun schon seit Jahrtausenden Essig her. Doch bis ins frühe 18. Jahrhundert war dieses saure Elixier noch nicht ganz erforscht. Essig entstand einfach von selbst, wenn man den Wein eine gewisse Zeit in offenen Fässern lagerte. Dem Geheimnis der Essigentstehung kam erstmals der Holländer Hermann Boerhaave auf die Spur. Er fand heraus, dass umso mehr Säure entsteht, je mehr Luft, also Sauerstoff, mit dem Wein in Berührung kommt. So entwickelte er daraus ein Verfahren zur industriellen Essigherstellung.

Im frühen 19. Jahrhundert lieferte der Brite Sir Humphrey Davy (1778–1829) die erste wissenschaftlich exakte Gleichung der Essigentstehung als Produkt der Alkohol-Oxidation, die bis heute allgemein als „Gärung" bezeichnet wird.

Dem Franzosen Louis Pasteur gelang im Jahre 1864 der Beweis, dass die „Zersetzung" von Lebensmitteln an der Luft von Mikroorganismen hervorgerufen wird. Diese Behauptung war damals unter hochrangigen Wissenschaftlern sehr umstritten.

15 Jahre später fand der Kopenhagener Botaniker Emile Christian Hansen heraus, welche Bakterien die Essiggärung bewirken. Doch endgültig aufgeklärt wurde das Ganze erst im Jahre 1903 vom Münchner Biochemiker Eduard Buchner. Er zeigte, dass die Enzyme der Essigbakterien die Alkohol-Oxidation bewirken. 1907 erhielt Buchner den Nobelpreis für Chemie.

Essig für jedermann

Erst in unserem Jahrhundert begann die großtechnische Essigherstellung. Die Produktion erheblicher Mengen machte ihn für alle Bevölkerungsschichten leicht verfügbar. Leider ging dies zu Lasten der Qualität und der Sortenvielfalt. So hatte Essig in den letzten Jahrzehnten kein sehr gutes Image.

Mittlerweile haben die Produzenten und ihre Marketingabteilungen aufgeholt. Sie bieten immer mehr Essigsorten in unterschiedlichen Qualitätsstufen an. Hochwertige Produkte für die Alltagsküche und vor allem für den Genießer erobern mehr und mehr die Regale der Feinkostabteilungen.

Essig, das Gesundheits-Elixier

Von „Kräuterbasen“ und „Quacksalbern“

In frühen Zeiten, als die Menschen noch nicht auf ein so dicht gesponnenes Netz medizinischer Versorgung zurückgreifen konnten wie heutzutage, mussten sie sich, so gut es eben ging, selbst helfen. Gegen kleinere „Wehwehchen" oder Verletzungen hatten sie altbewährte Hausmittel. Oft wohnte in der Nähe eine „Kräuterbase", eine Frau, die sich mit Heilpflanzen und Heiltränken auskannte.

Diese geheimen Rezepturen wurden meist nur von Mund zu Mund weitergereicht, schriftliche Zeugnisse gibt es leider sehr wenige. Von Hippokrates wissen wir, dass er den Essig bei Frauenleiden, Wunden, Gehirnkrankheiten, Blutungen und Koliken empfahl. Ein Heilkundiger des Mittelalters schrieb: „Essig macht Lust aufs Essen, öffnet Milz und Leber, ist gut gegen

PRESCRIPTIONS
DISPENSED.
SOLFATO
SODIO
POLPA
CASSIA
TIGLIO
FIORI

Schlafsucht und Lethargie und säubert frische Wunden." Die slawischen Völker setzten den sauren Saft vor allem im Kampf gegen die Pest ein.

Hildegard von Bingen

In unserer kleinen Reise durch die Geschichte haben Sie erfahren, dass Essig seit Anbeginn ein Begleiter der verschiedenen Kulturen war. Essig gab es schon 5000 Jahre bevor die Sumerer das Rad erfanden. Welche Rollen er in den verschiedenen Küchen gespielt hat, lässt sich nur erahnen, aber wohl nicht mehr genau nachvollziehen.

Die Erkenntnisse aber, die von vielen Heilkundigen überliefert worden sind, haben vielfach noch Bestand. Einen Meilenstein setzten hierbei die Lehren der Hildegard von Bingen, die vor 900 Jahren auf einem Gutshof bei Alzey, im Bistum Mainz, geboren wurde. Als das zehnte Kind ihrer adeligen Eltern war sie, wie es damals Brauch war, von Geburt an für das Klosterleben bestimmt.

Man sagte, sie habe das „zweite Gesicht". Sie sah, was andere Menschen nicht sehen konnten, beispielsweise die Färbung eines Tieres im Mutterleib oder Bilder aus Gegenden, in denen sie noch nie war. Sie sah zu jeder Tages- und Nachtzeit, ohne ekstatische Entrücktheit, wie man sie von Schamanen und Geisterheilern der Naturvölker kennt, eine flimmernde Lichtwolke und darin Worte und Bilder mit Erklärungen in lateinischer Sprache. Eine himmlische Stimme befahl ihr, dies alles niederzuschreiben. Aus diesen Visionen stammt auch das Medizinbuch Hildegards.

Das Buch, in dem sie ihre Küchengeheimnisse schilderte, war 800 Jahre verschollen. Nach seiner Entdeckung beschäftigte sich Dr. med. Hertzka, von der Konstanzer Hildegard-Praxis, mit den Lehren. Er wies nach, dass Hildegards Angaben praktisch brauchbar sind und mit vielen modernen Ansichten übereinstimmen.

In dem Kapitel „Essig, Salz und Saures" schreibt sie: *Weinessig taugt zu allen Speisen, und zwar dann, wenn er den Gerichten solcherart beigegeben wird, dass er ihnen nicht den Geschmack nimmt, sondern man bei ihnen nur ganz wenig Essigzusatz merkt. Auf solche Weise mit etwas Nahrung eingenommen, reinigt er das Stinkende (Blähungen) im Menschen und reduziert in ihm die schlechten Säfte und sorgt bei ihm dafür, dass sein Essen rechten Weg geht. Beim Würzen gilt also nach Hildegards Lehre der Vorrang dem Eigengeschmack der Nahrung. Und abschließend weist sie uns: die Seele liebt in allen Dingen das diskrete Maß. Wann auch immer der Körper des Menschen ohne Diskretion isst und trinkt oder etwas anderes diese Art verrichtet, werden die Kräfte der Seele verletzt. ... In allen Dingen soll sich der Mensch selbst das rechte Maß auferlegen.*

Mit Pawlow fing alles an

Den Grundstein zur wissenschaftlichen Erforschung der Wirkung des Essigs auf den menschlichen Körper legte der berühmte Natur- und Verhaltensforscher Iwan Pawlow (1849–1936). Er fand heraus, dass die Bauchspeicheldrüse mehr Verdauungssäfte produziert, wenn saure Speisen gegessen werden, was sich positiv auf die ganze Verdauung auswirkt.
Der Biochemiker Hans Krebs fand: Die Stoffwechselvorgänge in den meisten Organismen laufen über das Zwischenprodukt Essig ab. Für diese Entdeckung erhielt er 1953 den Nobelpreis.

Verdauungsfördernde Eigenschaften

Über die Wirkungen von Essig ist viel Wahres und auch Erfundenes geschrieben worden. Bewiesen ist, dass er den Stoffwechsel anregt und den Appetit steigert. Speichel und andere Verdauungssäfte werden vermehrt produziert und die Nahrung wird somit schneller und besser aufgeschlossen. Auch bei Sodbrennen kann Essig helfen, denn er normalisiert den Säurehaushalt der Magenschleimhaut.

Hygienische Eigenschaften

Seit tausenden von Jahren konserviert der Essig Lebensmittel, er desinfiziert Räume, Küchenutensilien sowie offene Wunden. Was damals als überliefertes

Wissen weitergegeben wurde, konnte in der Neuzeit bewiesen werden. Man fand beispielsweise heraus, dass die Arbeiter in einer Essigfabrik, die jeden Tag über viele Stunden den sauren Dämpfen ausgesetzt sind, überraschend gut gegen Infektionskrankheiten (Grippe, Husten, Schnupfen etc.) geschützt sind.

Zum einen fördert die säuredurchtränkte Luft natürlich die Sekretbildung in den Atemwegen. Vor allem aber tötet Essigsäure bereits in geringen Konzentrationen Keime ab. Dies bestätigten wissenschaftliche Untersuchungen. Menschen mit Atemwegserkrankungen erzielten durch Inhalationen von Essigdämpfen deutliche Linderung. Selbst Asthmapatienten gaben an, besser durchatmen zu können.

Auch die uralten Methoden der äußeren Anwendung, beispielsweise Einreiben von schmerzenden Gliedern, Umschläge bei Fieber oder Bäder gegen Kopfschmerzen werden wieder mit Erfolg aufgegriffen.

Und was ist drin im Essig?

Weinessig enthält lebenswichtige Aminosäuren, Vitamine der B-Gruppe (Riboflavin, Niacin und Panthothensäure) und Mineralstoffe, lesen Sie auch die Tabelle auf Seite 25.

Obstessig (insbesondere Apfelessig) enthält neben Aminosäuren, Vitaminen und Mineralstoffen auch noch Pektin, das ist ein Ballaststoff, der die Verdauung unterstützt.

WICHTIGE INHALTSSTOFFE DES WEINESSIGS

	hauptsächliche Aufgaben	häufigste Mangelerscheinungen
Aminosäuren	Bausteine aller Eiweiße	nicht bekannt
Riboflavin (B_2-Gruppe)	Wichtig für die Energiegewinnung, den Aufbau des roten Blutfarbstoffes, den Sehvorgang, für eine gesunde Haut und das Wachstum	Risse in den Mundwinkeln, Hautveränderungen, Schuppenbildung, Wachstumsstörungen, Sehstörungen und Lichtempfindlichkeit, glanzlose und brüchige Fingernägel, Anämie
Niacin	Wichtig für die normale Funktion des Nervensystems und der Haut	Appetit- und Gewichtsverlust, Müdigkeit, Leber- und nervöse Störungen
Vitamin C	Fördert die Wundheilung, unterstützt die Aufnahme von Eisen und Kalzium	Infektanfälligkeit, Zahnfleischbluten
Panthothensäure (Vitamin B_5)	Wichtig für den Stoffwechsel aller Nährstoffe	Kribbeln in den Händen und Füßen
Kalzium	Baustein von Knochen und Zähnen, wichtig für Nerven- und Muskelfunktionen, Aktivierung von Enzymen, Blutgerinnung	Osteoporose, Muskelkrämpfe
Eisen	Bestandteil des roten Blutfarbstoffes, Sauerstofftransport im Blut	Erschöpfung, Anfälligkeit gegenüber Infektionskrankheiten, Anämie
Fluor	Zahnhärtung	Karies
Kalium	Regulation des Wasserhaushalts, Muskelfunktion und Enzymaktivierung	Muskelschwäche, Darmträgheit, Störungen der Herzfunktion
Magnesium	Wichtig für den gesamten Stoffwechsel und für die Muskelfunktion	Muskelkrämpfe
Phospor	Baustein von Knochen und Zähnen. Energietransport	nicht bekannt

Reisessig ist in Japan sehr beliebt. Auch er enthält viele Vitamine und Mineralstoffe. Ein populäres Hausrezept ist der Tamago-su, ein Eier-Reis-Essig. Dazu legt man ein rohes Ei, mit Schale, in eine Tasse Reisessig und lässt es 7 Tage lang darin liegen. Das Ei löst sich vollständig auf. Dreimal täglich, mit heißem Wasser verdünnt eingenommen, soll der Tamago-su Gesundheit und ein langes Leben fördern. Er galt bei den Samurai-Kämpfern als Quelle von Macht und Kraft.

Heilkräuteressig: In enger Zusammenarbeit mit dem Landauer Naturheilspezialisten Udo Lamek entwickelte ich ein Rezept mit Weinessig und Heilkräutern. Dieses einzigartige Naturprodukt aktiviert den ganzen Stoffwechsel, regt besonders die Bauchspeicheldrüse an und reguliert die Darmflora.

Die Tabelle auf Seite 24 zeigt Ihnen, warum diese Stoffe für uns so wichtig sind.

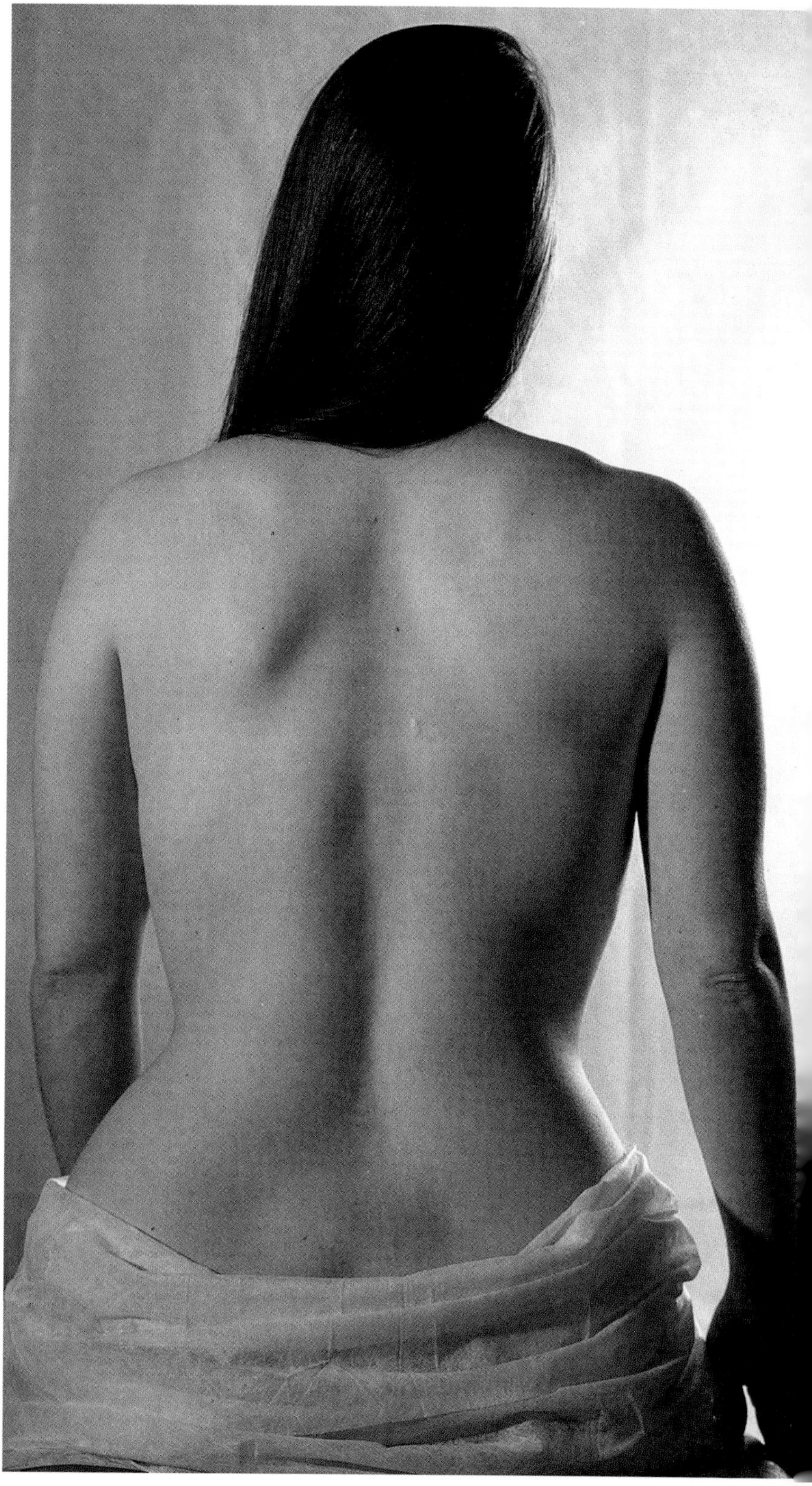

Essig, das „Schönheits-wässerchen"

Was hat der saure Essig mit der süßen Schönheit zu tun? Zum einen hat ein gesunder Mensch auch eine schönere Ausstrahlung als ein kranker. Die Haut ist gewissermaßen das „Titelblatt" oder „Aushängeschild"; geht es uns schlecht, sieht man es uns meist an.

Zum anderen kann Essig als Waschflüssigkeit auch viel für die Haut tun. Dermatologen warnen schon seit langem vor allzu häufigem Waschen mit Seifen oder anderen Reinigungsflüssigkeiten. Sie trocknen die Haut meist aus und zerstören ihren Säure-Schutzmantel. Gynäkologen berichten, dass mit dem Aufkommen von Intimsprays die Pilzerkrankungen im Genitalbereich zugenommen haben. Statt Seife wird deshalb eine Mischung aus gutem Essig und Wasser empfohlen:

- Nach dem Bad oder der Dusche wirkt Essigwasser desodorierend und belebend. Reiben Sie dazu Ihre

Haut mit einer Mischung aus 1 Liter Wasser und 2 bis 3 Esslöffeln Essig ab. Sie fühlen sich wie neu geboren!

- Ein Vollbad, dem 1/4 Liter Essig zugegeben wurde, reinigt die Haut und reguliert den Säurehaushalt. Für ein Cremebad fügen Sie einfach noch 1/4 Liter Sahne hinzu.
- Unreine, fettende Haut reguliert man am besten mit einer Mischung aus Essig und Lavendel. Dazu gibt man eine Hand voll Lavendelblüten in einen Viertelliter Essig und lässt dies verschlossen und kühl etwa 3 Wochen ziehen. Danach seiht man alles ab und gibt die Flüssigkeit ins Waschwasser.
- Eine Gurkenmaske hilft ebenfalls bei unreiner und fettender Haut. Schlagen Sie dafür ein Eigelb mit einem Teelöffel Essig im Mixer schaumig und geben Sie nach und nach etwa 4 Esslöffel Distelöl hinzu. Anschließend pürieren Sie drei Scheiben einer geschälten Salatgurke und heben die Masse unter die Creme. Diese Maske tragen sie nun dick auf die gereinigte Gesichtshaut auf, lassen das Ganze etwa 1 Stunde einwirken und spülen es mit klarem Wasser ab.

Essig in der Küche

Herstellung von Essig

Früher war die Essigherstellung meist ein Werk des Zufalls. Alkoholische Getränke ließ man längere Zeit an einem warmen Ort offen stehen und mit etwas Glück entstand daraus Essig. Da der Mensch nichts gerne dem Zufall oder dem Glück überlässt, suchte und fand er bessere Methoden der Essigherstellung:

Eigentlich braucht man nur Alkohol in Form von Wein, Sauerstoff, Wärme und etwas Geduld. Essigbakterien bewirken, dass Alkohol in Essigsäure umgewandelt wird. Die Bakterien kommen aus der Luft. An der Oberfläche der Flüssigkeit bildet sich aus den Essigbakterien zunächst die so genannte Kahmhaut, oder Essigmutter, unter der dann die Umwandlung stattfindet. Das Ganze wird durch zusätzlichen Sauerstoff und Wärme beschleunigt.

Das Orléans-Verfahren stammt aus dem späten Mittelalter und ist wahrscheinlich das älteste. Dabei befüllt man große Holzfässer zu $^2/_3$ mit Wein und gibt etwa $^1/_{10}$ der Weinmenge an „Stammessig" hinzu. Durch diesen und die auf dem Holz des Fasses lebenden Essigbakterien wird die Umwandlung des Alkohols in Essigsäure gestartet. Nach etwa 1 Woche kann man von unten bereits die erste kleine Menge Essig abzapfen. Beim Nachfüllen des Fasses wird sorgfältig darauf geachtet, dass der empfindliche Film der Essigmutter intakt bleibt.

Der abgezapfte Rohessig muss dann aber noch mehrere Monate in weiteren Holzfässern reifen. Da die Essigbakterien nur an der Oberfläche des Weins wachsen, dauert dieses Verfahren sehr lange.

Auf meinem Weinessiggut Doktorenhof stelle ich meine edlen Essige auch heute noch nach diesem alten Verfahren her.

Das Fesselgärungsverfahren arbeitet wesentlich schneller als das Orléans-Verfahren. Erfunden wurde es im Jahre 1823 von Johann Sebastian Schützenbach, einem Essigfabrikanten aus Süddeutschland. Es gelang ihm damit, Essig innerhalb von 48 Stunden herzustellen, was man damals für unmöglich hielt.

Beim Fesselgärungsverfahren werden Buchenholzspäne, auf denen die Essigbakterien haften, mit Wein berieselt. So wird die Oberfläche für die Essigbakterien um ein Vielfaches größer und der Umwandlungsprozess läuft schneller ab.

Mit dem **submersen Gärungsverfahren,** das man seit den 50er Jahren kennt, kann Rohessig innerhalb von 12 Stunden und schneller hergestellt werden. Allerdings muss auch dieser anschließend noch einige Zeit in Fässern nachreifen, um ein feines Aroma zu entwickeln.

Die Essigproduktion ist deshalb so schnell, da die Bakterien nicht nur an der Oberfläche der Flüssigkeit oder an den Buchenholzspänen wachsen, sondern sich frei in der Maische bewegen. Da sie für ihre Arbeit Sauerstoff brauchen, wird dieser ständig der Maische zugeführt.

Chemiker können Essig auch im Labor künstlich erzeugen. Bei dieser **synthetischen Erzeugung** wird Acetaldehyd mithilfe von Katalysatoren zu reiner Essigsäure oxidiert. Mit Wasser verdünnt, kommt diese Kunstsubstanz dann als Essigessenz in den Handel. Mit dem aromatischen Naturprodukt, hat sie nicht viel gemein. Essigessenz eignet sich deshalb höchstens zum Putzen.

Essig selbst gemacht

Essig selbst herstellen, ist nicht schwer. Wie die Geschichte uns gelehrt hat, wird der Wein an der Luft von selbst sauer. Sie könnten also einige Weinreste zusammenschütten und der Dinge harren, die da kommen. Mit etwas Glück kommt dabei auch ein Essig heraus; in der Regel schmeckt das Ergebnis aber nicht sonderlich gut. Unsere Geschmacksvorlieben haben sich im Laufe der Jahrhunderte eben verändert. Was dem früheren Entdecker geschmeckt hat, kann uns das Grausen lehren. Doch mit ein paar Tricks, können Sie zu Hause Ihren eigenen Essig herstellen.

Und so wird's gemacht:

1

Am besten, Sie besorgen sich Essigbakterien. Diese gibt es in Weingeschäften, Naturkostläden, Reformhäusern oder bei einem Weinküfer. Wer Glück hat, kennt jemanden, der bereits eine Essigmutter füttert und bekommt ein Stück ab.

2

Nehmen Sie guten Wein; „aus nichts wird eben nicht viel mehr". Damit später nicht die falschen Keime wachsen, erhitzen Sie den Wein kurz auf etwa 60 °Celsius, lassen ihn anschließend wieder abkühlen und füllen ihn in ein sauberes Glasgefäß. Optimal ist ein großer Glasballon mit 30 Litern Fassungsvermögen, in dem der Wein eine große Oberfläche hat.

3

Beginnen Sie mit einem Liter guten Wein, dem Sie einen Viertelliter Essigbakterien oder gärenden Essig zusetzen. Die Öffnung des Gefäßes verschließen Sie mit einem Leinen- oder Gazetuch, damit die Bakterien während des Gärungsprozesses ausreichend Sauerstoff bekommen und der Schmutz draußen bleibt. Lassen Sie diesen Ansatz nun bei konstanter Temperatur (wichtig!) zwischen 26 und 28 °Celsius einige Wochen stehen.

4

Nach etwa 2 Wochen hat sich eine dünne Schicht, die Essigmutter, gebildet. Dies ist ein Zeichen dafür, dass der Gärungsprozess begonnen hat. Nun können Sie etwa 4 Liter Wein ganz vorsichtig nachfüllen. Achten Sie darauf, dass die Essigmutter nicht zerstört wird. Nach jeweils 2 weiteren Wochen füllen Sie 5 und dann 10 Liter Wein nach. Probieren Sie immer wieder Ihren Essig. So können Sie die Gärung besser beobachten.

5

Zwischendurch können Sie mit einer langen Pipette immer wieder kleine Proben entnehmen und sie durch einen Kaffeefilter seihen, ohne die Kahmhaut zu verletzen. Wenn sich die Essigmutter nicht mehr nachbildet, ist der Essig nahezu fertig. Er hat auch den Acetatgeruch nach Klebstoff verloren.

6

Füllen Sie nun Ihren Essig durch einen Kaffeefilter in kleine Glasfläschchen ab. Wie ein guter Wein, will auch der Essig kühl, trocken und dunkel gelagert werden.

Lassen Sie einen Rest des Filtrats im Gärballon und setzen Sie neuen Wein zur Gärung an. Am besten eignet sich ein älterer Wein mit möglichst wenig Schwefel.

Den fertigen Essig können Sie jetzt zum Verfeinern Ihrer Speisen verwenden. Oder Sie verleihen ihm noch eine weitere Geschmacksnote durch Zusätze frischer Kräuter, Knoblauch, Ingwer, Vanille und vielem mehr. Lassen Sie Ihrer Fantasie einfach freien Lauf.

Im Folgenden habe ich für Sie ein paar Beispiele für eigene Kreationen aufgeschrieben. Als Basis können Sie ihren eigenen, selbst hergestellten Essig oder auch einen Fertigessig aus dem Feinkostgeschäft verwenden.

Estragonessig

Geben Sie etwa 5 Esslöffel Estragonblättchen in einen halben Liter Wein- oder Apfelessig und lassen Sie das Ganze etwa 2 Monate durchziehen.

Pfefferminzessig

Kochen Sie einige frische Pfefferminzblätter zusammen mit einem Esslöffel Zucker in einem halben Liter Weißweinessig etwa 5 Minuten auf. Anschließend abkühlen lassen, durch ein Sieb geben und in eine Flasche abfüllen.

Knoblauchessig

Die geschälten Zehen einer ganzen Knoblauchknolle in einen Liter Weißwein- oder Roséessig geben und das Ganze 2 bis 3 Wochen durchziehen lassen. Die Zehen dann herausnehmen. Diese eingelegten Zehen können Sie hervorragend zum Würzen feiner Saucen verwenden.

Ingweressig

Geben Sie 1 Esslöffel fein gehackten Ingwer zusammen mit 1 Esslöffel Zucker in 1 Liter Weißwein- oder Sherryessig. Lassen Sie das Ganze 1 bis 2 Wochen ziehen und filtern den Ingwer mit Hilfe einer Kaffee-Filtertüte ab.

Orangenessig

Geben Sie die Schale einer unbehandelten Orange zusammen mit etwas Saft in einen halben Liter Weißweinessig und lassen Sie das Ganze etwa 1 Woche durchziehen. Milder schmeckt er, wenn Sie noch 2 Esslöffel Honig hinzufügen.

Die wichtigsten Handelssorten

Essig kann aus allen alkoholhaltigen Getränken entstehen. Die Handelssorten müssen zwischen 5 g und 15 g wasserfreie Essigsäure pro 100 ml Flüssigkeit enthalten. Flüssigkeiten, die mehr Säure enthalten, müssen als Essigsäure oder Essigessenz bezeichnet werden. Lesen Sie im Folgenden ein wenig mehr über die wichtigsten Handelssorten.

Weinessig (Traubenessig)

Echter Weinessig darf nur aus Wein, Traubenmost oder Traubenmaische hergestellt werden. Wird dem Wein Brantweinmaische zugesetzt, muss das Produkt als „Weinessigverschnitt" deklariert werden. Zu den Weinessigen zählen Rotweinessig, Weißweinessig, Aceto Balsamico, Sherryessig und Champagneressig.

Aceto Balsamico

Feinschmecker nennen ihn den „König der Essige". Dieses flüssige Kunstwerk wird seit vielen Jahrhunderten in Italien, rund um die Stadt Modena hergestellt. Ausgangsstoff des Balsamico ist die weiße Trebbianotraube, die in den Abruzzen und in der Region Emilia Romagna angebaut wird. Die Trauben, die für die Essigproduktion bestimmt sind, werden erst sehr spät geerntet. Nach der ersten Gärung wird der Most durch langsames Köcheln auf ungefähr die Hälfte reduziert und dann in große Eichenholzfässer gefüllt. Beim Kochen karamellisiert der Zucker und die Flüssigkeit erhält ihre typische Bernsteinfarbe. Nach einer Ruhepause fügt man etwas erstklassigen Balsamico und noch einmal Traubenmost hinzu. In den darauf folgenden Jahren wird dieser Vorgang in anderen Fässern, die auch aus immer anderem Holz sind, wiederholt. Im Laufe der Jahre entsteht so aus dem Traubenmost ein dunkler, aromatischer Essig. Es gibt Abfüllungen mit über hundert Jahre altem Essig, von denen ein kleiner Schluck schon ein Vermögen kostet. Hochwertigen Aceto Balsamico erkennt man an dem Vermerk „Originale".

Champagneressig

Dieser exklusive Weinessig wird aus den Champagnertrauben Pinot noir, Pinot meunier und Cardonnay hergestellt.

Sherryessig

Zur Herstellung von Sherryessig wird ein Barriquefass zur Hälfte mit Sherrywein gefüllt. Diesen lässt man nun nach dem gleichen System, wie auch der Sherry reift, zu Essig vergären: Man lagert dazu den Essig in übereinander liegenden Fässern, deren oberstes den jüngsten und unterstes den ältesten Essig enthält. Vom Bodenfass entnimmt man jeweils einen Teil, der durch die gleiche Menge aus dem Fass darüber ersetzt wird. So reift der Sherryessig mit den Jahren zu einer Kostbarkeit heran. Ein „Reserva" mit einer Reifezeit von 20 bis 30 Jahren kann sich mit einem alten Aceto Balsamico messen.

Obstessig

Für einen Obstessig werden Fruchtsäfte zuerst zu Wein und anschließend zu Essig vergoren. Bekannteste Vertreter sind Obstessige aus Äpfeln, Preiselbeeren, Heidelbeeren, schwarzen Johannisbeeren, Brombeeren, Maulbeeren, Holunder und Pflaumen. Himbeeressig ist meist ein aromatisierter Weinessig, denn aus Himbeeren lässt sich kein gehaltvoller Fruchtwein herstellen.

Reisessig

Dieser Essig wird aus dem Bodensatz, der bei der Herstellung von Reiswein (Sake) übrig bleibt, hergestellt. Reisessig schmeckt sehr kräftig und eignet sich natürlich besonders für die asiatische Küche.

Winzeressig

Hochwertiger Essig wird immer beliebter. Und so haben viele Winzer damit begonnen, aus eigenen Weinen Essig zu machen. Als Pionier gründete ich im südpfälzischen Dörfchen Vennigen das erste deutsche Weinessiggut und meine Produkte verfeinern heute Speisen auf der ganzen Welt. Auch die Feinkostabteilungen so berühmter Kaufhäuser wie das KADEWE in Berlin, Käfer und Dallmayer in München oder HARRODS in London verkaufen meine Kreationen.

Ähnlich wie bei den Winzersekten sind die Winzeressige aus rebsortenreinen Weinen hergestellt.

Vom einfachen Kochessig bis zu edlen Tropfen aus Beerenauslesen oder Eisweinen.

Aperitifessig

Ich ging sogar noch einen „Schluck" weiter und kreierte verschiedene Essige als Aperitif und Digestif. Diese exklusiven Tropfen wollen auch auf eine ganz besondere Weise getrunken werden: Füllen Sie nur etwa die Menge eines Fingerhutes in ein langstieliges Likörglas (optimal ist natürlich das von mir entwickelte Degustationsglas) und lassen Sie einen einzigen Tropfen auf Ihre Zunge gleiten. Nicht gleich hinunterschlucken, sondern langsam im Mund zergehen lassen. Sie werden überrascht sein, wie herrlich aromatisch und gehaltvoll dieser Tropfen schmeckt. Und so, wie sich nun der Speichel in Ihrem Mund sammelt, produziert Ihr Verdauungssystem schon jetzt die notwendigen Enzyme für das nun folgende Menü. Gesundheit und Genuss verbinden sich hier zu einer harmonischen Einheit.

Branntweinessig

Er wird ausschließlich aus vergorenem Branntwein herstellt und enthält mindestens 5% Säure.

Kräuter- und Gewürzessig

Diese Essige werden aus Wein- oder Apfelessig und Kräuter- oder Gewürzextrakten hergestellt. Der Estragonessig steht dabei an der Spitze der Beliebtheit. Er verleiht der berühmten Sauce béarnaise ihr unvergleichliches Aroma.

Weitere Essigsorten

Weltweit gibt es noch viele Essigsorten, die bei uns noch unbekannt sind. Die Engländer bevorzugen beispielsweise Malz-Essig, den sie auch für die Herstellung der Worcestershire-Sauce verwenden.

Im Mittleren Orient ist Rosinenessig sehr beliebt und so kann man vielleicht an einer Flussbiegung des Orinoko in Brasilien einen Fruchtessig aus der Papaya finden, oder einen Essig aus einer Frucht, die in unseren Breiten gar nicht bekannt ist.

Welcher Essig zu welcher Speise?

Mit einem guten Essig ist es wie mit einem guten Wein. Milde Speisen verlangen nach einem milden Essig, kräftige Speisen nach einem kräftigen Essig. Ich habe für Sie in folgender Tabelle eine kleine Auswahl an Essigen mit den passenden Speisen zusammengestellt.

Sorte	passt zu
Weißer-Burgunder-Essig	holländischer Sauce, sahniger Salatsauce, Majonäse, Meerrettichsauce, Vinaigrette, Sülze, Pastete
Rieslingessig	Fischsauce, Fischmarinade, Rettich, Radieschen, Kartoffel- und kräftigem Blattsalat, Tunfisch, Risotto
Spätburgunderessig	dunkler Sauce, Rehbraten, Rindfleischsalat, Wildragout, Gelee
Wilde-Preiselbeeren-Essig	Kalbfleisch, Geflügelpastete, Ziegen- und Schaftskäse, Datteln, Feigen, Äpfeln, Birnen
Vier-Räuber-Essig	Tomaten, Tintenfisch, Fischsauce, Scampi, Lachs, Fischsuppe, Käse, Pilzen, Fasan, Hase, Rotkohl, leichter Wildsauce
Schwarze-Johannisbeeren-Essig	Blattsalat, Pastete, Rehbraten, Rebhuhn, Sauerbraten, Hase, Wildgerichten, Fasan
Wildrosenessig	Pastete, Blumensalat, Marinade für Steaks, Farcefüllung, Spargelsalat, Weichkäse
Himbeeressig	Brunnenkresse, Endiviensalat, Eiersauce, sauer eingelegtem Obst, Flammerie, Kopfsalat
Estragonessig	Rahmsuppe, heller Sauce, Schikoreesalat, Kopfsalat, Rotkraut, Omelette, Kartoffeln
Brennnesselessig	Hülsenfrüchten, Kräutersalat, Boullion, Blumenkohl, Frikassee, Aspik, Pilzsauce, Dillsauce
Eiswein-Essig	Krebssuppe, Sauce hollandaise, Sabayons, Gänseleberpralinen, Wildfarce
Essig mit Orangenblütenhonig	Eiscreme, Gelee und Orangensauce, Leberpastete, Gänsebrust, Glasieren von Geflügel, aromatischem Käse

Brot

Selbst gebackenes Brot bekommt eine glänzende Kruste, wenn Sie kurz vor dem Ende der Backzeit die Oberfläche mit etwas Essig bestreichen.

Kuchen und Plätzchen

Süße Backwaren schmecken frischer und werden lockerer, wenn Sie ein paar Spritzer Essig in den Teig rühren.

Eier

Wenn Sie beim Eierkochen etwas Essig ins Kochwasser geben, läuft beim Platzen das Eiweiß nicht aus.

Äpfel und Birnen

Geschälte Äpfel und Birnen verfärben sich nicht, wenn sie in Essigwasser (Ein Schuss Essig auf einen Liter Wasser) lagern.

Gemüse und Kräuter

Gemüse und Kräuter bleiben länger frisch. Wickeln Sie die Lebensmittel in ein mit Essig getränktes Tuch und lagern Sie das Ganze im Kühlschrank.

Wenn Sie ein paar Spritzer Essig in die Garflüssigkeit geben, bleibt die natürliche Farbe des Gemüses erhalten und die Vitamine werden geschont.

Fisch

Ein paar Spritzer Essig in die Garflüssigkeit geben. Der Fisch zerfällt dann nicht so leicht und sein Aroma wird unterstrichen.

Hinweise zu den Rezepten

Bevor Sie sich nun von uns in die Welt der feinen Essigküche führen lassen, hier noch einige Tipps zum Umgang mit den Rezepten:

Die Zubereitungszeit

Dies ist die Zeit, die Sie benötigen, um das ganze Gericht zuzubereiten. Sollten dabei längere Zeitspannen auftreten, in denen Sie nichts zu tun haben, so haben wir diese gesondert in Klammern als Back-, Quell-, Kühlzeit etc. aufgeführt. Alle Zeitangaben beruhen auf durchschnittlichen Erfahrungswerten. Aufgrund der Beschaffenheit der Zutaten, des Kochgeschirrs oder von Herden und Backöfen können diese Zeitangaben geringfügig von der tatsächlich benötigten Zeit abweichen.

Die Zutatenmengen

Wenn nicht anders angegeben, gehen wir von ungeputzter Rohware aus. Das ermöglicht Ihnen ein unkompliziertes Einkaufen nach der im Rezept angegebenen Zutatenliste. (Eine Ausnahme bilden hier allerdings fertig gehackte Kräuter, die es tiefgefroren zu kaufen gibt. Sie können die angegebene Kräutermenge selbstverständlich durch frische Ware ersetzen, die Sie dann noch zerkleinern. Dabei entsprechen 2 Esslöffel gehackter Kräuter in etwa ½ Bund frischer Kräuter.) Bei Stückangaben (z. B. 1 Zucchini) beziehen wir uns auf ein Stück mittlerer Größe.

Die Backofentemperaturen

Sie beziehen sich auf den Elektroherd mit Ober- und Unterhitze. Wenn Sie mit Umluft arbeiten, reduzieren Sie die Temperatur um 20 %. Die Backzeit bleibt gleich.

Die Abkürzungen

TL = Teelöffel (gestrichen)
EL = Esslöffel (gestrichen)
Msp.= Messerspitze
g = Gramm
ml = Milliliter
l = Liter
kcal = Kilokalorien
°C = Grad Celsius
TK-... = Tiefkühl-...
Ø = Durchmesser
Min. = Minuten
Std. = Stunde(n)
cm = Zentimeter

Vorspeisen und kleine Gerichte

Saumagencarpaccio mit Rosenessigvinaigrette

Zubereitungszeit: ca. 15 Min.
Etwa 250 kcal je Portion

Für 4 Personen

400 g Saumagen am Stück
2 EL Rieslingessig
2 EL Rosenessig (Balsam of Roses)
2 EL Fleischbrühe (Glas)
Salz
schwarzer Pfeffer
1 TL süßer Senf
1 EL frische, gehackte Gartenkräuter
2 EL Traubenkernöl
2 Hände voll Pflücksalat
einige Schlüsselblumen oder Kapuzinerkresseblüten

1.

Den Saumagen in Alufolie einwickeln und im Backofen bei 80°C erwärmen.

2.

Essige, Fleischbrühe, Salz, Pfeffer, Senf und Kräuter gut miteinander vermischen. Das Traubenkernöl langsam darunter rühren und dann die Vinaigrette kräftig mit dem Schneebesen schlagen, bis sie leicht sämig wird.

3.

Den Salat putzen, waschen, trockenschleudern und dann in mundgerechte Blättchen zupfen. Den Saumagen hauchdünn aufschneiden.

4.

Zum Servieren das Saumagencarpaccio und die Salatblätter auf die Teller legen, die Vinaigrette darauf träufeln und das Ganze mit den Blüten bestreuen.

Süss-saures Gemüseragout

Zubereitungszeit: ca. 40 Min.
Etwa 375 kcal je Portion
Dazu passt Kurzgebratenes oder gedünsteter Fisch

Für 4 Personen

1 Zwiebel
250 g Staudensellerie
4 EL Butter
200 g Zucchini
200 g rote Paprikaschoten
200 g Lauch
2 EL Currypulver
Salz
schwarzer Pfeffer
1 Msp. Kreuzkümmel
6 EL Weißweinessig
125 ml Fleischbrühe
125 g süße Sahne

1.

Die Zwiebel schälen und fein hacken. Den Staudensellerie putzen, waschen und dann in feine Scheiben schneiden. Die Butter in einer kleinen Pfanne erhitzen. Zwiebeln und Staudensellerie darin weich dünsten.

2.

Zucchini putzen, waschen und in mundgerechte Stücke schneiden. Die Paprika waschen, Stiele, Kerne und weiße Trennwände entfernen. Das Fruchtfleisch in kleine Stücke schneiden. Den Lauch putzen, in feine Ringe schneiden und diese sorgfältig waschen.

3.

Das ganze Gemüse in einen Topf geben und mit Curry, Salz, Pfeffer und Kreuzkümmel würzen. Den Weinessig sowie die Brühe hinzufügen und das Ganze etwa 15 Minuten bei geschlossenem Topf dünsten.

4.

Anschließend die Sahne einrühren, die Flüssigkeit etwas einköcheln lassen und das Gemüse noch einmal mit Salz und Pfeffer abschmecken.

Eichblattsalat mit Handkäse

Zubereitungszeit: ca. 20 Min.
Etwa 260 kcal je Portion
Dazu passt grobe Bratwurst

Für 4 Personen

2 Köpfe Eichblattsalat
2 Scheiben trockenes Schwarzbrot
2 Knoblauchzehen, 2 EL Olivenöl
1 junger Handkäse
4 EL Gewürztramineressig
10 EL Traubenkernöl
Salz, schwarzer Pfeffer
1 TL Zucker
2 EL Gewürztraminer Weißwein

1.

Den Salat putzen. Das Schwarzbrot würfeln. Den Knoblauch schälen und grob zerkleinern. Ihn mit dem Salz bestreuen und dann mit dem Messerrücken zerdrücken.

2.

Das Olivenöl erhitzen. Brot und Knoblauch darin kurz anbraten. Den Handkäse klein schneiden und dazugeben. Alles kurz braten, dann beiseite stellen.

3.

Aus Essig, Traubenkernöl, Salz, Pfeffer und Zucker eine Vinaigrette schlagen. Den Salat und die Croûtons auf Tellern anrichten und mit der Vinaigrette übergießen.

Schnittlauchsalat

Zubereitungszeit: ca. 15 Min.
Etwa 53 kcal je Portion

Für 4 Personen

9 Bund Schnittlauch
2 Eier
6 EL Rieslingessig
2 EL Wasser
4 EL Öl

1.

Den Schnittlauch waschen, trockenschütteln und dann in 1/2 cm lange Röllchen schneiden. Reichlich Wasser in einem kleinen Topf zum Kochen bringen und den Schnittlauch in einem Sieb für einige Sekunden hineingeben. Dann sofort herausnehmen und kalt abschrecken (dies mildert den scharfen Geschmack). Abtropfen lassen.

2.

Für das Dressing die Eier in reichlich Wasser in etwa 8 Minuten hart kochen, dann pellen und das Eigelb vom Eiweiß trennen. Das Eigelb durch ein feines Sieb streichen. Es mit Essig, Wasser und Öl glatt rühren. Auf den Schnittlauch gießen und locker durchmischen.

Milchferkelkotelettes in einer Sauce von mariniertem Backobst

Zubereitungszeit: ca. 1 ½ Std.
(plus 1 Std. Zeit zum Marinieren)
Etwa 580 kcal je Portion
Dazu passt deftiges Gemüse wie
Rahmwirsing oder Kohlrabi

Für 4 Personen

200 g gemischtes Backobst (z. B. Rosinen, Äpfel, Pflaumen, Aprikosen)
500 ml Weinessig mit wilden Preiselbeeren
2 Möhren
2 Zwiebeln
Öl zum Braten
1 ausgelöster Milchferkelrücken (ca. 1000 g), Knochen fein hacken lassen
200 ml Kalbsfond (Glas)
Salz
schwarzer Pfeffer
80 ml Portwein
40 ml Weinbrand
1 EL Crème fraîche

1.

Das Backobst mit dem Essig vermischen und zum Marinieren beiseite stellen. Das Gemüse putzen, waschen und dann in kleine Würfel schneiden. Das Öl in einer großen Pfanne erhitzen und die fein gehackten Knochen darin scharf anbraten.

2.

Nun die Gemüsewürfel hinzufügen. Das Ganze mit dem Kalbsfond ablöschen und einköcheln lassen, bis eine ausreichende Saucenmenge entstanden ist. Durch ein feinmaschiges Sieb passieren und beiseite stellen.

3.

Das Fleisch mit Salz und Pfeffer würzen. Etwas Öl in der großen Pfanne erhitzen und das Fleisch darin in etwa 6 Minuten rundherum anbraten. Aus der Pfanne nehmen und warm stellen.

4.

Den Bratensaft mit dem Portwein und dem Weinbrand ablöschen. Den Fond angießen und die Crème fraîche einrühren. Das abgetropfte Backobst dazugeben und die Sauce sämig einköcheln lassen. Nochmals abschmecken.

5.

Zum Servieren die Kotelettes auf Teller legen und die Sauce angießen.

Gefülltes Schweinefilet an Dornfelderessig-Sauce mit gratinierten Kartoffeln

Zubereitungszeit: ca. 1 Std.
Etwa 685 kcal je Portion
Dazu passt Feldsalat
Für 4 Personen

Für das Filet:

600 g Schweinefilet am Stück
100 g Dörrpflaumen
Gewürzsalz, schwarzer Pfeffer
5 EL Butterschmalz (ca. 50 g)

Für die Kartoffeln:

2 große Kartoffeln, 2 EL Butter
1 Knoblauchzehe
Salz, schwarzer Pfeffer
1 Prise Muskat, 200 g süße Sahne
3 Scheiben Gouda

Für die Sauce:

200 ml Rotwein, 200 ml Brühe
5 EL Dornfelderessig

1.

Den Backofen auf 170 °C vorheizen. Das Filet waschen und trockentupfen. Von Häuten und Sehnen befreien. Ein Loch in Längsrichtung in das Fleisch stechen. Die Pflaumen halbieren und in das Loch schieben. Das Fleisch mit Gewürzsalz und Pfeffer würzen.

2.

Das Butterschmalz in einem Bräter erhitzen und das Fleisch darin von allen Seiten scharf anbraten. Den Bräter nun in den Backofen (2 Einschubleiste von unten) stellen und das Fleisch in etwa 8 Minuten darin fertig garen. Anschließend warm halten.

3.

Die Kartoffeln schälen und in sehr dünne Scheiben schneiden. Eine feuerfeste, flache Form mit der Butter einfetten. Den Knoblauch schälen, zerdrücken und in der Form verteilen. Die Kartoffelscheiben fächerartig in die Form legen. Sie mit Salz, Pfeffer und Muskat würzen. Die Sahne darauf gießen. Die Kartoffeln etwa 30 Minuten bei 150 °C backen. Kurz vor Ende der Backzeit den Käse darauf legen und gratinieren.

4.

Währenddessen das Bratfett des Filets zusammen mit Rotwein und Brühe erhitzen und dann einkochen lassen. Den Essig einrühren und die Sauce mit Salz und Pfeffer abschmecken.

5.

Zum Servieren das Filet in feine Scheiben schneiden. Auf Tellern anrichten, mit der Sauce übergießen und die Kartoffeln dazulegen.

Kalbsbries mit Spätburgunderessig-Gelee karamellisiert

Zubereitungszeit: ca. 50 Min.
Etwa 795 kcal je Portion
Dazu passen lauwarmer Kartoffelsalat und Wildsalate mit Kräutern

Für 4 Personen

700 g Kalbsbries
1 l Kalbsbrühe (Glas)
Salz
schwarzer Pfeffer
5 EL Butter (ca. 50 g)
3 EL Gelee vom Spätburgunderessig
einige Kerbelblättchen

1.

Das Kalbsbries von den Häuten befreien und über Nacht in kaltes Wasser einlegen (dabei so oft frisch wässern, bis das Wasser klar bleibt).

2.

Am nächsten Tag die Kalbsbrühe in einem Topf erhitzen. Das Bries hineinlegen und das Ganze zum Kochen bringen. Nur 1mal aufwallen lassen, dann vom Herd nehmen und etwas abkühlen lassen. Das Bries in kleine Röschen zupfen, salzen und pfeffern.

3.

Die Butter in einer Pfanne erhitzen und die Bries-Röschen darin anbraten. Das Essiggelee dazugeben und die Pfanne so lange schwenken, bis das Gelee rund um die Briesröschen karamellisiert.

4.

Zum Servieren das Bries auf Teller geben und mit den Kerbelblättchen garnieren.

Rinderrouladen mit Steinpilz-Gemüse-Sauce

Zubereitungszeit: ca. 2 ½ Std.
Etwa 560 kcal je Portion
Dazu passen Kartoffelknödel und Blaukraut

Für 4 Personen

Für das Fleisch:

4 große Rinderrouladen
etwas Mehl
Salz
schwarzer Pfeffer
2–3 EL mittelscharfer Senf
6 EL gehackte Petersilie
3 Schalotten
200 g durchwachsener Bauchspeck in hauchdünnen Scheiben

Für die Sauce:

50 g getrocknete Steinpilze
2 Zwiebeln
1 Knoblauchzehe
1 Stange Lauch
1 Stück Knollensellerie
1 Möhre
Butterschmalz
200 ml Rinderfond (Glas)
200 ml trockener Rotwein
50 ml Rotweinessig
Salz, schwarzer Pfeffer
ein paar Butterflöckchen

1.

Die Rouladen auf einer leicht mehlierten Fläche auslegen und mit den Handballen flach klopfen. Mit Salz und Pfeffer würzen. Mit Senf dünn bestreichen. Die gehackte Petersilie darauf streuen und andrücken.

2.

Die Schalotten schälen und in dünne Scheiben schneiden. Schalottenscheiben und Speckscheiben auf das Fleisch legen. Die Rouladen vom kurzen Ende her aufrollen und mit Zahnstochern feststecken.

3.

Die Steinpilze in reichlich Wasser einweichen. Das Gemüse in kleine Würfel schneiden. Das Butterschmalz in einem Bräter erhitzen und die Rouladen darin einzeln von allen Seiten scharf anbraten. Herausnehmen.

4.

Den Backofen auf 160 °C vorheizen. Nun das Gemüse in dem Bratenfett anschmoren. Dann die Rouladen wieder dazugeben. Das Ganze mit dem Fond und dem Rotwein ablöschen. Die eingeweichten Pilze dazugeben. Den Bräter verschließen und alles im Ofen auf der mittleren Schiene etwa 2 Stunden schmoren lassen.

5.

Die Rouladen nun herausnehmen und den Bratenfond mit dem Essig ablöschen. Die Sauce nicht zu fein pürieren. Sie mit Pfeffer, Salz sowie Essig abschmecken und mit den Butterflöckchen abbinden.

Kalbsnieren in Sherryessig

Zubereitungszeit: ca. 30 Min.
Etwa 430 kcal je Portion
Dazu passt frisches Baguette

Für 4 Personen

12 Kalbsnieren
2 Knoblauchzehen
4 EL Olivenöl zum Braten
Salz
schwarzer Pfeffer
300 ml Sherry fino
300 ml süße Sahne
Sherryessig im Zerstäuber
1 EL gehackte Petersilie

1.

Die Nieren so aufschneiden, dass man sie in der Mitte aufklappen kann. Die weißen Teile im Innern mit einem spitzen, scharfen Messer herausschneiden. Unter fließendem Wasser abspülen und mit Küchenpapier trockentupfen.

2.

Den Knoblauch schälen und vierteln. Das Olivenöl in einer großen Pfanne erhitzen und den Knoblauch darin goldbraun braten. Ihn dann herausnehmen und die Nierenscheiben portionsweise in der Pfanne kräftig braten. Sie salzen, pfeffern, herausnehmen und warm halten.

3.

Den Sherry in der Pfanne aufkochen lassen und dann mit der Sahne abbinden. Die Nieren dazu geben und das Ganze mit dem Sherryessig im Zerstäuber parfümieren. Zum Schluss die gehackte Petersilie darauf streuen. Das Gericht in der Pfanne servieren.

Lammkoteletts mit Kartoffelsalat an Löwenzahnhonig-Essig

Zubereitungszeit: ca. 30 Min.
Etwa 580 kcal je Portion
Dazu passen ein trockener Spätburgunder oder ein Dornfelder

Für 4 Personen

600 g Kartoffeln
8 Lammkoteletts (à 200 g)
80 ml Erdnussöl
80 ml Rotwein
80 ml Lammfond (Glas)
4 EL eiskalte Butterwürfel (ca. 40 g)
8 Blättchen Basilikum
etwas Löwenzahnhonig-Essig
4 EL Walnussöl
Salz
schwarzer Pfeffer
4 kleine Strauchtomaten
100 g Mischsalat (z. B. Löwenzahn und Rucola)

1.

Für den Salat die Kartoffeln schälen, in sehr kleine Würfel schneiden und kurz abwaschen. Reichlich Salzwasser zum Kochen bringen und die Kartoffeln darin in etwa 15 Minuten bissfest garen.

2.

Die Lammkoteletts waschen, trockentupfen und von Häuten und Sehnen befreien. Das Erdnussöl in einer großen Pfanne erhitzen und das Fleisch darin von allen Seiten anbraten, dann weiterbraten, bis sie gar sind. Herausnehmen und warm halten.

3.

Für die Sauce den Bratensaft mit Rotwein und Lammfond ablöschen, das Ganze vom Herd nehmen und die Butter in die Sauce einschwenken. Sie soll sämig werden.

4.

Für den Salat das Basilikum in feine Streifen schneiden und mit den Kartoffelwürfeln vermischen. Mit einigen Spritzern Löwenzahnhonig-Essig, Walnussöl, Salz und Pfeffer anmachen und abschmecken. Die Tomaten waschen, putzen und in schmale Spalten schneiden. Den Mischsalat putzen, waschen und trockenschleudern.

5.

Zum Servieren den Mischsalat, die angemachten Kartoffelwürfel und die Tomatenspalten auf Teller geben. Die Lammkoteletts anlegen und das Ganze mit der Sauce überziehen.

Bobotie (Südafrikanischer Hackfleischauflauf)

Zubereitungszeit: ca. 1 ½ Std.
Etwa 400 kcal je Portion
Dazu passt Wildreis

Für 4 Personen

1 große Scheibe Schwarzbrot
100 ml Vollmilch
2 Zwiebeln, 5 EL Erdnussöl
600 g Lammhackfleisch
1 EL Currypulver, 1 TL Kurkuma
3 EL Weißweinessig, 2 Tomaten
150 ml Rinderbrühe (Glas)
3 EL gehackte Mandeln
75 g Sultaninen
1 EL brauner Zucker
2 EL Pflaumenmarmelade mit Muskatelleressig
1 EL Butter für die Auflaufform
2 Eier, 300 ml Vollmilch
Salz, 1 unbehandelte Zitrone
4 Lorbeerblätter

1.

Das Schwarzbrot in der Milch einweichen. Die Zwiebeln schälen und klein hacken. Das Öl in einer großen Pfanne erhitzen und die Zwiebeln darin goldbraun anbraten. Das Fleisch dazu geben und unter Rühren gar braten. Mit Curry, Kurkuma und Essig würzen.

2.

Die Tomaten für einige Sekunden in kochendes Wasser geben, dann mit eiskaltem Wasser abschrecken und enthäuten. Die Kerne entfernen und das Fruchtfleisch grob hacken. Zusammen mit der Rinderbrühe zum Hackfleisch geben. Das Ganze ohne Deckel etwa 15 Minuten einköcheln lassen.

3.

Den Backofen auf 180 °C vorheizen. Das eingeweichte Brot ausdrücken, in kleine Stücke teilen. Brot, Mandeln, Sultaninen, Zucker und Marmelade unter das Fleisch mischen.

4.

Eine flache Auflaufform mit Butter einfetten und die Fleischmischung hinein geben. Das Ganze in den Backofen stellen (mittlere Einschubleiste) und etwa 30 Minuten zugedeckt garen.

5.

Die Eier mit der Milch und etwas Salz verschlagen. Über das Fleisch gießen. Die Zitrone in dünne Scheiben schneiden und auf dem Auflauf verteilen. Ebenso die Lorbeerblätter dekorativ darauf legen. Die Form nun für weitere 30 Minuten in den heißen Backofen stellen.

6.

Anschließend den Auflauf in der Form servieren.

Kaninchengulasch

Zubereitungszeit: ca. 3 Std.
Etwa 635 kcal je Portion
Dazu passen Folienkartoffeln

Für 4 Personen

600 g Kaninchenfleisch
5 EL Mehl
Salz
schwarzer Pfeffer
5 EL Olivenöl
1/2 TL Kreuzkümmel
1 TL Zimt
3 EL Tomatenmark
3 EL Vier-Räuber-Essig
600 ml Kraftbrühe
2 TL getrockneter Thymian
400 g Schalotten
100 g Feta

1.

Das Kaninchenfleisch waschen und mit Küchenpapier trockentupfen. Von Häuten und Sehnen befreien und in 2 cm große Würfel schneiden. Mehl, 1/2 Teelöffel Salz, etwas Pfeffer und die Fleischwürfel in einen Gefrierbeutel geben und das Ganze kräftig durchschütteln.

2.

Das Öl in einer Pfanne erhitzen und das Fleisch darin unter ständigem Wenden braun braten. Den Backofen auf 160 °C vorheizen. Das Fleisch in eine Kasserolle umfüllen.

3.

In den Bratensaft Kreuzkümmel, Zimt, Tomatenmark, Essig, Brühe und 1 Teelöffel Thymian einrühren. Die Flüssigkeit zum Kochen bringen und dann auf das Fleisch gießen. Das Ganze zugedeckt im Backofen etwa 2 Stunden garen.

4.

Inzwischen die Schalotten schälen, in kochendem Salzwasser kurz blanchieren und im Ganzen zum Fleisch geben. Nach etwa 1 1/2 Stunden Backzeit den Feta auf das Fleisch bröckeln und im Ofen bräunen. Das Ganze vor dem Servieren mit etwas Thymian bestreuen.

Dinkelrisotto mit Wirsing, Schinken und Kastanienhonig-Essig

Zubereitungszeit: ca. 1 ½ Std.
Etwa 250 kcal je Portion
Dazu passt Blattsalat

Für 4 Personen

Für das Risotto:
1 Stange Lauch
3 EL Nussöl
200 g Dinkel
4 EL Portugieseressig mit Kastanienhonig
60 ml Weißwein
1 Lorbeerblatt
800 ml Gemüsebrühe
Salz
schwarzer Pfeffer
1 Thymianzweig

Für den Wirsing:
200 g Wirsingblätter
Salz
schwarzer Pfeffer
etwas Kastanienhonig-Essig

Außerdem:
16 Scheiben roher Schinken

1.

Den Lauch putzen, waschen und den weißen Teil in kleine Würfel schneiden. Das Nussöl in einer Pfanne erhitzen und den Dinkel darin rösten, ohne dass er Farbe annimmt. Die Lauchwürfel hinzufügen und kurz andünsten.

2.

Die Lauch-Dinkel-Mischung mit Essig und Weißwein ablöschen, das Lorbeerblatt hinzufügen und die Flüssigkeit etwas einköcheln lassen. Mit Brühe auffüllen. Alles mit Salz, Pfeffer und Thymian würzen. Unter gelegentlichem Rühren etwa 40 Minuten bei mittlerer Hitze garen. Das Lorbeerblatt entfernen.

3.

Währenddessen die Wirsingblätter waschen, den Strunk herausschneiden und das Grün in feine Streifen schneiden. Diese Streifen in kochendem Salzwasser wenige Minuten blanchieren. Sie dann sofort herausholen und kalt abschrecken. Das Wirsinggemüse mit Kastanienhonig-Essig abschmecken.

4.

Zum Servieren das Dinkelrisotto, den Wirsing sowie je 4 Scheiben Schinken auf Tellern anrichten.

Gefüllte Kartoffelpuffer mit Blutwurst und feiner Vinaigrette

Zubereitungszeit: ca. 1 Std.
Etwa 675 kcal je Portion
Dazu passen frische Blattsalate

Für 4 Personen

Für die Kartoffelpuffer:
800 g mehligkochende Kartoffeln
180 g Sauerkraut
180 g Zwiebeln
3 Eier
Salz
schwarzer Pfeffer
Muskat
8 Scheiben Blutwurst
100 g Butterschmalz zum Ausbacken

Für die Vinaigrette:
1/2 Schalotte
1 EL Weißburgunderessig
1 EL Estragonessig
1 EL Honig
4 EL kaltgepresstes Olivenöl
1/4 TL mittelscharfer Senf
5 EL Gemüsebrühe (Glas)
80 g Blutwurst

1.

Die Kartoffeln schälen und grob reiben. Sauerkraut und Kartoffeln gut ausdrücken (am besten in einem Küchentuch). Die Zwiebeln schälen und fein hacken. Kartoffeln, Sauerkraut und Zwiebeln vermischen.

2.

Die Eier unter die Kartoffelmasse rühren und das Ganze mit Salz, Pfeffer und Muskat würzen. Mit den Händen 8 Puffer formen, dabei jeweils 1 Scheibe Blutwurst mit Kartoffelmasse umhüllen.

3.

Das Butterschmalz in einer großen Pfanne erhitzen und die Puffer darin goldgelb ausbacken. Herausnehmen und warm halten.

4.

Für die Vinaigrette die Schalotte schälen und fein hacken. Sie mit den Essigen, dem Honig, dem Öl, dem Senf und der Gemüsebrühe gut verrühren.

5.

Die restliche Blutwurst in kleine Würfel schneiden und zusammen mit der Vinaigrette kurz erwärmen. Zum Servieren die Puffer auf Teller geben und die Vinaigrette angießen.

Entenbrüstchen nach Art der „Vier Räuber“

Zubereitungszeit: ca. 2 Std.
Etwa 120 kcal je Portion
Dazu passt frisches Baguette oder Spätzle

Für 4 Personen

2 Entenbrüstchen (à 300 g)
4 EL Mandelöl
6 EL Vier-Räuber-Essig
1 EL frische Thymianblättchen
weißer Pfeffer
3 rote Zwiebeln
Salz
1/8 l Gemüsefond (aus dem Glas)
1/8 l trockener Rotwein
Butterschmalz zum Braten
1 EL Butter

1.

Die Entenbrüstchen waschen und mit Küchenpapier trockentupfen. Fett, Haut und Sehnen entfernen.

2.

3 Esslöffel Mandelöl, 2 Esslöffel Essig, 1/2 l Esslöffel Thymian und etwas Pfeffer in einer Schüssel verrühren. Das Fleisch mit dieser Marinade rundherum bestreichen und etwa 1 Stunde zugedeckt im Kühlschrank durchziehen lassen.

3.

Währenddessen die Zwiebeln schälen und in feine Streifen schneiden. 1 Esslöffel Mandelöl in einer Pfanne erhitzen, 1/2 Esslöffel Thymian hinzufügen und die Zwiebeln darin glasig dünsten. Sie anschließend leicht salzen.

4.

Nach und nach den restlichen Essig (4 Esslöffel) zu den Zwiebeln geben und einköcheln lassen. Das Ganze dann mit Geflügelfond und Rotwein aufgießen. Etwa 20 Minuten leicht köcheln lassen.

5.

Den Backofen auf etwa 100 °C vorheizen. Etwas Butterschmalz in einer Pfanne erhitzen und die Entenbrüstchen darin kräftig von beiden Seiten anbraten. Sie salzen, pfeffern und dann herausnehmen.

6.

Die Brüstchen noch heiß in Alufolie einwickeln und im heißen Backofen etwa 15 Minuten ruhen lassen. Währenddessen die eiskalte Butter stückchenweise unter die Zwiebelmasse ziehen. Die Sauce nicht mehr kochen lassen.

7.

Zum Servieren die Entenbrüstchen schräg in 1 cm dicke Scheiben schneiden. Das Fleisch zusammen mit der Zwiebelsauce anrichten.

Gebratene Hähnchenbrust unter der Kräuterkruste mit Feldsalat in Kartoffeldressing

Zubereitungszeit: ca. 30 Min.
Etwa 535 kcal je Portion

Für 4 Personen

Für das Fleisch:
600 g Hähnchenbrustfilets
Salz
schwarzer Pfeffer
5 EL Butterschmalz (ca. 50 g)
2 Sträußchen Thymian
4 Salbeiblätter
200 g Semmelbrösel

Für den Salat:
1 große Kartoffel
800 g Feldsalat
4 EL Spätburgunderessig
2 EL Walnussöl
2 EL Distelöl
2 EL Crème fraîche
1 TL gehackte Petersilie

1.

Die Hähnchenbrüste waschen und mit Küchenpapier trockentupfen. Salzen und pfeffern. Das Butterschmalz in einer großen Pfanne zerlassen und das Geflügelfleisch darin bei mittlerer Hitze braten. Beiseite stellen. Die Kräuter waschen, trockenschütteln und dann sehr fein hacken. Mit den Semmelbröseln vermischen und auf die Hähnchenbrüste streuen.

2.

Für die Salatsauce die Kartoffel in reichlich Salzwasser in etwa 20 Minuten gar kochen. Währenddessen den Salat sorgfältig waschen und trockenschleudern. Welke Blättchen entfernen. Den Backofen auf 180 °C vorheizen.

3.

Für die Salatsauce die gekochte Kartoffel durch eine Presse drücken. Mit Essig, Ölen und der Crème fraîche vermischen.

4.

Die Hähnchenbrüste auf ein Backblech legen und für wenige Minuten im heißen Backofen goldbraun gratinieren. Den Salat mit dem Dressing vermischen.

5.

Zum Servieren den Salat auf Tellern anrichten. Die Hähnchenbrüste in dünne Scheiben schneiden und neben den Salat setzen.

Gedünstetes Dorschfilet an Orangenblütenhonig-Vinaigrette

Zubereitungszeit: ca. 45 Min.
Etwa 570 kcal je Portion
Dazu passen Basmatireis und
ein fruchtiger Silvaner

Für 4 Personen

600 g Dorschfilet
Salz
weißer Pfeffer
1 EL Butter
120 g Fenchelknolle
1 unbehandelte Orange
150 ml Fischfond (Glas)
etwas Essig mit Orangenblütenhonig

1.

Die Fischfilets waschen, trockentupfen und dann schräg in dünne Streifen schneiden. Mit Salz und Pfeffer würzen. In einen Topf wenig Wasser und die Butter geben. Die Fischfilets ebenfalls dazu geben und im geschlossenen Topf in etwa 25 Minuten gar dünsten. Währenddessen den Basmatireis nach Packungsanweisung garen.

2.

Für die Sauce den Fenchel putzen, waschen und in kleine Würfel schneiden. Von der Orange etwa 1 Esslöffel Schale abreiben. Eine Hälfte der Orange auspressen.

3.

Die andere Hälfte der Orange sorgfältig filieren. Dazu die Orange mit einem Messer so schälen, dass die weiße Haut abgeschnitten wird. Nun entlang der Zwischenhäutchen die einzelnen Segmente herausschneiden.

4.

Für die Sauce Fenchel, Orangenschale, Saft und Fischfond in eine Kasserolle geben und etwas einköcheln lassen. Mit einigen Tropfen Essig, Salz und Pfeffer abschmecken.

5.

Zum Servieren den Fisch auf Tellern anrichten, mit der Sauce überziehen, den Basmatireis beilegen und das Ganze mit den Orangenfilets verzieren.

Stubenkükenbrust auf Pflücksalat mit Zwiebelkompott

Zubereitungszeit: ca. 50 Min.
Etwa 250 kcal je Portion
Dazu passt frisches Baguette

Für 4 Personen

3 Stubenkükenbrüste (à 150 g)
1 EL Essig mit Orangenblütenhonig
4 EL Traubenkernöl
schwarzer Pfeffer
Salz
1 rote Zwiebel
2 Frühlingszwiebeln
3 Schalotten
1 Knoblauchzehe
2 EL Sherry
3 EL Silvaner Weißwein
5 EL Essig mit Löwenzahnhonig
1 Spritzer Angostura Bitter
4 Tomaten
200 g Pflücksalat
2 EL Essig mit Löwenzahnhonig
1 EL frische Kerbelblättchen

1.

Die Stubenkükenbrüste waschen und mit Küchenpapier trockentupfen. Essig, 2 Esslöffel Traubenkernöl und Pfeffer verquirlen. Das Fleisch damit einreiben. In Frischhaltefolie verpacken und kalt stellen.

2.

Für das Kompott die Zwiebeln sowie den Knoblauch schälen und nicht zu fein würfeln. 2 Esslöffel Traubenkernöl in einem kleinen Topf erhitzen. Zwiebel- und Knoblauchwürfel darin glasig schmoren lassen. Dann Sherry, Weißwein, 3 Esslöffel Essig mit Löwenzahnhonig, Salz und Pfeffer dazugeben. Das Ganze mit Angostura abschmecken. Warm stellen.

3.

Eine Pfanne trocken erhitzen und die Kükenbrüste darin anbraten. Rundum salzen, pfeffern und bei geringer Hitze noch etwa 10 Minuten ziehen lassen.

4.

Inzwischen für den Salat die Tomaten für einige Sekunden in kochendes Wasser geben, dann abschrecken, enthäuten und entkernen. Den Salat waschen und auf Tellern anrichten. Etwas Essig darauf träufeln und mit Kerbel garnieren.

5.

Zum Servieren die Kükenbrüstchen in Streifen schneiden und auf dem Salat anrichten. Das Zwiebelkompott locker darauf löffeln.

Seeteufel mit Anis-Senf-Sauce

Zubereitungszeit: ca. 35 Min.
Etwa 210 kcal je Portion
Dazu passen Bandnudeln und frischer Blattsalat

Für 4 Personen

1 Möhre
1 Knoblauchzehe
2 EL Olivenöl zum Braten
1 EL Zucker
2 EL Weinessig aus Müller-Thurgau
1 TL rote Pfefferbeeren
Süße Sahne oder Crème Double
2 TL Anis-Senf (grober Senf mit Anis)
2 EL gehackter Kerbel
4 Seeteufelsteaks (à 150 g)
Meersalz
Salz
schwarzer Pfeffer

1.

Für die Anis-Senf-Sauce die Möhre putzen, waschen und in sehr kleine Würfel schneiden. Den Knoblauch schälen und ebenfalls fein würfeln. 1 Esslöffel Olivenöl in einer Pfanne erhitzen und das Gemüse darin glasig dünsten.

2.

Das Gemüse mit dem Zucker bestreuen und unter Rühren karamellisieren lassen. Den Weinessig angießen und etwas einköcheln lassen. Die roten Pfefferbeeren dazugeben.

3.

Die Sahne zum Gemüse gießen und sorgfältig darunter rühren. Nun den Anis-Senf sowie den Kerbel darunter mischen und die Hitze reduzieren.

4.

Für die Seeteufelsteaks den restlichen Esslöffel Olivenöl in einer zweiten Pfanne erhitzen und die Fischstücke darin scharf von beiden Seiten anbraten. Die Hitze reduzieren und die Steaks langsam fertig garen. Mit Salz und Pfeffer würzen.

5.

Zum Servieren die Steaks auf Teller legen und mit der Anis-Senf-Sauce übergießen.

Gebratener Steinbutt mit Ingwer und Apfelragout

Zubereitungszeit: ca. 1 Std.
Etwa 375 kcal je Portion
Dazu passen frischer Blattspinat, rote Essigschalotten oder grüner Spargel

Für 4 Personen

1 Stück Sternanis
5 Stück Koriandersamen
1 Lorbeerblatt
1 TL weiße Pfefferkörner
4 Äpfel (z. B. Boskop)
5 EL Zucker
2 bis 3 EL Wasser
300 ml Rieslingessig
300 ml Riesling
1 Bund Koriandergrün
4 Steinbuttfilets (à 200 g)
40 g eingelegter Ingwer (in Streifen geschnitten)
schwarzer Pfeffer
3 EL Butterschmalz zum Braten

1.

Die Gewürze in einem Mörser zerdrücken, in ein kleines Mullsäckchen füllen und gut verschließen. Die Äpfel schälen, von Stielansätzen und Kerngehäusen befreien und dann in kleine Würfel schneiden.

2.

Den Zucker und das Wasser in einen kleinen Topf geben, erhitzen und den Zucker leicht karamellisieren lassen. Mit Essig und Weißwein ablöschen. Die Flüssigkeit zusammen mit dem Gewürzsäckchen auf die Apfelwürfel gießen. Das Ganze einmal aufkochen und dann abkühlen lassen.

3.

Das Bund Koriandergrün waschen, trockentupfen und die Blättchen grob hacken. Sie zu den Apfelwürfeln geben und vorsichtig darunter mischen.

4.

Die Steinbuttfilets waschen und mit Küchenpapier trockentupfen. Mit den Ingwerstreifen spicken. Dazu sticht man mit einem spitzen, scharfen Messer vorsichtig in das Fleisch und führt die Ingwerstreifen entlang des Messers ein. Die Fische leicht mit schwarzem Pfeffer bestreuen.

5.

Das Butterschmalz in einer großen Pfanne erhitzen und den Fisch darin gar braten. Ihn zum Servieren auf dem Apfelragout servieren. Das Ganze können Sie noch mit etwas eingelegtem Ingwer verzieren.

Rahmsüppchen von geräucherter Forelle mit Brunnenkresse

Zubereitungszeit: ca. 45 Min.
Etwa 395 kcal je Portion
Dazu passt frisches Baguette

Für 4 Personen

4 geräucherte Forellenfilets
2 Schalotten
1 Knoblauchzehe
2 Stangen Staudensellerie
1 große Stange Lauch
1 Zweig Dill
500 ml Fischfond (Glas)
100 ml Gewürztramineressig
100 ml Gewürztraminer
500 g süße Sahne
1/2 Bund Brunnenkresse
5 EL eiskalte Butterwürfel (ca. 50 g)
Salz, schwarzer Pfeffer
Saft von 1 Zitrone

1.

4 Suppenteller vorwärmen. Von den Forellenfilets die Haut abziehen. Die Filets in 2 cm breite Stücke schneiden. Schalotten und Knoblauch schälen und fein hacken. Die Staudensellerie und den Lauch putzen, waschen und klein schneiden (vom Lauch nur das Weiße verwenden). Den Dill waschen, trockentupfen und fein hacken.

2.

Das Gemüse in einen Topf geben und mit Fischfond, Essig und Weißwein aufgießen. Das Ganze aufkochen und dann etwa 10 Minuten weiter köcheln lassen. Den Fisch herausnehmen und warm halten. Das Gemüse dann durch ein feinmaschiges Sieb passieren. Den Fond dabei auffangen.

3.

Die Sahne mit dem Fond vermischen und bei mittlerer Hitze auf die Hälfte einkochen lassen. Währenddessen die Brunnenkresse waschen, trockentupfen und die Blättchen abzupfen.

4.

Sobald die Flüssigkeit eingekocht ist, den Topf vom Herd nehmen. Die Butterwürfel mit einem Schneebesen langsam einschwenken, bis die Suppe sämig wird. Mit Salz, Pfeffer und Zitronensaft abschmecken und alles fein pürieren.

5.

Zum Servieren die Forellenstücke und die Brunnenkresse in vorgewärmte Suppenteller geben. Mit der Schaumsuppe übergießen.

KÜRBISSUPPE IM EIGENEN TOPF

Zubereitungszeit: ca. 1 ¼ Std.
Etwa 250 kcal je Portion
Dazu passt ein warmer Hefezopf

Für 6–8 Personen

1 großer Kürbis (1,5 kg Kürbisfleisch)
1 kg mehlig kochende Kartoffeln
6 Stangen Lauch
200 g Butter
¾ l Vollmilch
¾ l Wasser
Salz
schwarzer Pfeffer
Cayennepfeffer
3 Becher Crème fraîche (à 200 g)
Essig mit Orangenblütenhonig

1.

Vom Kürbis einen Deckel abschneiden, Fasern und Kerne entfernen und das Fruchtfleisch vorsichtig herausschneiden. Die Kartoffeln schälen und zusammen mit dem Kürbisfleisch in kleine Stücke schneiden. Den Lauch putzen, sorgfältig waschen und dann in feine Ringe schneiden.

2.

Die Butter in einem großen Topf erhitzen und den Lauch darin glasig dünsten. Kartoffel- und Kürbiswürfel hinzufügen. Wenn alles leicht angedünstet ist, die Milch und das Wasser hinzufügen. Das Ganze bei mittlerer Hitze zugedeckt etwa 30 Minuten leicht köcheln lassen.

3.

Das Gemüse mit Salz, Pfeffer und Cayennepfeffer würzen. Alles fein pürieren und dann die Créme fraîche darunter ziehen. Die Kürbissuppe zum Schluss mit dem Essig fein abschmecken.

4.

Zum Servieren die Suppe in den ausgehölten Kürbis umfüllen und den Deckel wieder darauf setzen.

Beilagen

Eingelegter Kürbis

Zubereitungszeit: ca. 30 Min.
Etwa 300 kcal je Portion
Passt zu Fleischfondues

Für ca. 2 ½ kg

1 ½ kg Kürbis (ca. 1 kg Fruchtfleisch)
2 cm Ingwerwurzel
500 ml Wasser
500 ml Weinessig mit Orangenblütenhonig
750 g Zucker
1 TL Salz
5 Nelken
10 Pfefferkörner
5 Twist-off-Gläser à 500 g Inhalt

1.

Den Kürbis vierteln, die Fasern und Kerne ausschaben. Das Fruchtfleisch mit einem Kugelausstecher herausschneiden.

2.

Die Ingwerwurzel schälen und fein reiben. Ingwer, Wasser, Weinessig, Zucker, Salz, Nelken und Pfefferkörner in einen großen Topf geben und aufkochen lassen.

3.

Die Kürbiskugeln hineingeben und die Flüssigkeit noch einmal kurz aufwallen lassen, dann die Hitze reduzieren (das Fruchtfleisch muss bissfest bleiben).

4.

Die Kürbiskugeln herausheben und in saubere Twist-off-Gläser füllen. Die verbleibende Flüssigkeit noch etwas einköcheln lassen und dann auf die Kürbiskugeln gießen. Die Gläser sofort fest verschließen, auskühlen lassen. Bis zum Verzehr kühl und dunkel lagern.

Süss-saurer Rotkohl mit Vier-Räuber-Essig

Zubereitungszeit: ca. 3 Std.
(davon 2 Stunden Zeit zum Ziehen
und 30 Min. Garzeit)
Etwa 288 kcal je Portion
Passt zu Wildgerichten, Rinderrouladen,
Schweinerollbraten und Schweinekotelett

Für 4 Personen

1 Kopf Rotkohl (ca. 1 kg)
Salz
20 ml Vier-Räuber-Essig
1 Zwiebel
1 Apfel (z. B. Boskop)
1 EL Butter
3 EL Zucker
200 ml Rotwein
125 ml Gemüsebrühe
70 g Preiselbeeren
1/2 Zimtstange
1 bis 2 Nelken
1 Lorbeerblatt

1.

Den Kohlkopf vierteln und den Strunk herausschneiden. Den Kohl in feine Streifen schneiden oder hobeln. Das Kraut in eine mittelgroße Schüssel geben, mit etwas Salz bestreuen und mit dem Essig übergießen. Gut durchmischen und etwa 2 Stunden ziehen lassen.

2.

Anschließend die Zwiebel sowie den Apfel schälen. Vom Apfel das Kerngehäuse und den Stilansatz heraus schneiden. Zwiebel und Apfelfruchtfleisch sehr fein würfeln.

3.

Die Butter in einem mittelgroßen Topf erhitzen. Zwiebel- und Apfelwürfel darin glasig dünsten. Den Zucker darunter rühren. Den Rotkohl mitsamt der Flüssigkeit hinzufügen und kurz anschmoren.

4.

Rotwein, Brühe, Preiselbeeren, Zimt, Nelken und das Lorbeerblatt dazu geben und alles gut durchmischen. Den Rotkohl im geschlossenen Topf etwa 30 Minuten leicht köcheln lassen, dann mit Salz und Pfeffer abschmecken.

5.

Vor dem Servieren das Lorbeerblatt und die Nelken entfernen.

Eingelegte Paprikaschoten

Zubereitungszeit: ca. 40 Min.
(plus 12 Std. Zeit zum Marinieren)
Etwa 440 kcal je Portion
Passen zu allen mediterranen Fleischgerichten, schmecken aber auch als Vorspeise mit frischem Baguette

Für 4 Personen

1 kg kleine, rote Paprikaschoten
250 ml Olivenöl extra vergine
2 Knoblauchzehen
1 Bund glatte Petersilie
2 EL Spätburgunderessig
Salz
schwarzer Pfeffer

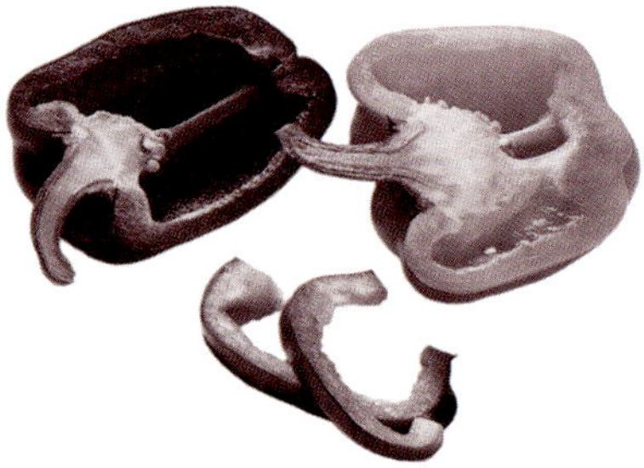

1.

Den Backofen auf 250 °C vorheizen. Ein Backblech mit 1 Esslöffel Öl einfetten. Die Paprikaschoten darauf legen und im Backofen auf der mittleren Schiene etwa 30 Minuten garen. Nach der Hälfte der Backzeit wenden. Die Haut muss Blasen werfen und darf auch leicht schwarz werden.

2.

Anschließend die Schoten herausnehmen und abkühlen lassen. Vierteln, die Haut abziehen, Kerne sowie weiße Rippen entfernen. Den Knoblauch schälen und in hauchfeine Scheiben schneiden. Die Petersilie waschen, trockentupfen und die Blättchen fein hacken.

3.

Das restliche Olivenöl, Essig, Salz und Pfeffer sämig schlagen. Die Marinade mit Paprikaschoten, Knoblauch und Petersilie vermischen. Das Ganze vor dem Servieren zugedeckt im Kühlschrank mindestens 12 Stunden ziehen lassen.

Eingelegte Steinpilze

Zubereitungszeit: ca. 20 Min.
(plus Marinierzeit von mehreren Wochen)
Etwa 100 kcal je Portion
Passen zu allen mediterranen Fleischgerichten, schmecken aber auch als Vorspeise mit frischem Baguette

Für 4 Personen

750 g junge, feste Steinpilze (ersatzweise frische Champignons)
150 ml Rotweinessig vom Spätburgunder
einige Pfefferkörner
250 ml Rotwein

1.

Die Pilzstiele knapp unter dem Hut abschneiden. Die Hüte dann sorgfältig abbürsten, sodass kein Schmutz mehr anhaftet. Essig, Pilze, Pfefferkörner sowie den Rotwein in einen kleinen Topf geben und das Ganze einmal aufkochen lassen.

2.

Die Essig-Pilze nun in saubere Twist-off-Gläser füllen. Sie für mehrere Wochen kühl und dunkel lagern, damit sie gut durchziehen.

KNOLLENSELLERIE-PÜREE

Zubereitungszeit: ca. 25 Min.
Etwa 620 kcal je Portion
Passt zu Geflügelgerichten und gebratenem Fisch

Für 4 Personen

1 kg Knollensellerie
1 große, mehlige Kartoffel
Salz
weißer Pfeffer
1 Muskatnuss
125 ml Crème fraîche
1–2 EL Weißweinessig mit Eukalyptushonig
1 EL Mandelöl

1.

Sellerieknollen und Kartoffel schälen, waschen und in etwa 4 cm große Würfel schneiden. Etwa 2 Tassen Wasser zum Kochen bringen und das Gemüse darin in etwa 15 Minuten weichdünsten.

2.

Anschließend die Gemüsewürfel pürieren. Das Püree mit Salz, Pfeffer und frisch geriebenem Muskat abschmecken und die Crème fraîche darunter rühren. Während des Rührens ganz langsam den Essig und das Mandelöl hineintropfen lassen.

WALNUSSBROT

Zubereitungszeit: ca. 1 1/4 Std.
Etwa 270 kcal je Portion

Für 2 Brote

Für den Teig:
500 g Weizenmehl, Type 405
500 g dunkles Roggenmehl
1 Würfel frische Hefe
3 EL Wasser
1/2 TL Zucker
2 1/2 TL Salz
50 g Butter
5 EL Weißweinessig (z. B. Silvaneressig)
300 g Vollmilchjogurt
200 g Walnusskerne

Außerdem:
etwas Mehl zum Ausrollen
etwas Butter für die Kastenform

1.

Das Mehl in eine Schüssel sieben. Hefe und Zucker in den 3 Esslöffeln Wasser auflösen und unter das Mehl mischen. Das Salz auf das Mehl streuen. Die Butter in einem kleinen Topf zerlassen, etwas abkühlen lassen und zusammen mit dem Essig und dem Jogurt zum Mehl geben. Alles mit den Händen sorgfältig verkneten.

2.

Den Teig an einem warmen Ort etwa 30 Minuten gehen lassen. Das Volumen sollte sich etwa verdoppeln. Nun den Teig auf einer bemehlten Fläche etwa 1 cm dick ausrollen. Die Walnüsse darauf streuen und den Teig aufrollen. Die Rollen in 2 gleich große Portionen teilen. Den Backofen auf 200 °C vorheizen.

3.

2 Kastenformen (ca. 25 cm lang) einfetten und die Teigrolle hineinlegen. Den Teig noch einmal für etwa 15 Minuten in der Form an einem warmen Ort gehen lassen. Dann in den heißen Backofen stellen. Eine flache Auflaufform mit etwas Wasser füllen und auf den Boden des Ofens stellen. Das Brot in etwa 40 Minuten fertig backen.

4.

Dann das Brot auf ein Kuchengitter stürzen und mit der Unterseite nach oben auskühlen lassen.

ZIEGENKÄSETATAR AUF GERÖSTETEM SCHWARZBROT

Zubereitungszeit: ca. 20 Min.
Etwa 480 kcal je Portion

Für 4 Personen

1/2 Knoblauchzehe
2 Zweige Thymian
1/2 Bund Petersilie
1–2 Schalotten
1 Tomate
2 EL Olivenöl
4 Scheiben Schwarzbrot
300 g Ziegenfrischkäse
100 g Crottin (frz. Ziegenfrischkäse)
2 EL Vollmilch
40 ml Gewürztramineressig
Salz
schwarzer Pfeffer

1.

Eine Knoblauchzehe schälen, halbieren und eine Hälfte fein hacken. Die Thymianzweige und die Petersilie waschen, trockenschütteln und die Blättchen von den Stielen zupfen. Die Kräuterblättchen fein hacken. Die Schalotten schälen und ebenfalls in sehr kleine Würfel schneiden.

2.

Die Tomate über Kreuz einritzen, für einige Sekunden in kochendes Wasser geben, dann mit kaltem Wasser abschrecken und die Haut abziehen. Die Tomate entkernen und das Fruchtfleisch in kleine Würfel schneiden.

3.

1 Esslöffel Olivenöl in einer kleinen Pfanne erhitzen und das Brot darin rösten. Dann herausnehmen und auf einem Küchenkrepp abtropfen lassen.

4.

Den Ziegenfrischkäse durch ein feines Sieb streichen. Den Crottin in kleine Würfel schneiden. Den Käse mit der Milch dem restlichen Esslöffel Olivenöl, dem Knoblauch sowie mit den Kräutern mischen.

5.

Den Essig in einem kleinen Topf zum Kochen bringen und die Schalottenwürfel darin weichdünsten, bis die Flüssigkeit fast vollständig eingekocht ist. Die Schalotten zusammen mit den Tomatenwürfeln unter die Käsemischung mengen und das Ganze mit Salz und Pfeffer abschmecken.

6.

Zum Servieren die Käsecreme auf den Schwarzbrotscheiben anrichten.

BANANEN-ZITRONEN-BUTTER

Zubereitungszeit: ca. 10 Min.
Etwa 280 kcal je Portion
Passt zum Walnussbrot (Rezept Seite 96)

Für 4 Personen

90 g weiche Butter
1 EL Honig
etwas abgeriebene Zitronenschale
300 g Bananen
1–2 EL Weinessig mit Vanille

1.

Die Butter mit dem Honig und der Zitronenschale cremig rühren. Das Fruchtfleisch der Bananen zerdrücken und zusammen mit dem Essig hinzufügen. Das Ganze sorgfältig vermischen.

2.

Die Bananen-Zitronen-Butter im Kühlschrank durchziehen lassen und dann zu frischem Brot servieren.

AVOCADOCREME

Zubereitungszeit: ca. 15 Min.
Etwa 180 kcal je Portion

Für 4 Personen

1 reife Avocado
1 1/2 EL Weinessig mit Holunderbeeren
2 EL Créme fraîche
2 EL scharfer Senf
1 kleine Gewürzgurke
2 kleine Stangen Sellerie
Salz
schwarzer Pfeffer

1.

Die Avocado halbieren, den Kern entfernen und das Fruchtfleisch herauslösen. Den Essig, die Crème fraîche und den Senf zusammen mit dem Avocadofleisch pürieren.

2.

Die Gewürzgurke fein hacken. Die Selleriestangen putzen, waschen und ebenfalls fein hacken. Beides unter das Avocadopüree mischen.

3.

Zum Schluss die Creme mit Salz und Pfeffer abschmecken.

Pikanter Hüttenkäse

Zubereitungszeit: ca. 15 Min.
Etwa 108 kcal je Portion

Für 4 Personen

Je 1 rote und gelbe Paprikaschote
1 Gewürzgurke
200 g Hüttenkäse
1–2 EL Vier-Räuber-Essig
Salz
schwarzer Pfeffer
2 TL Schnittlauchröllchen

1.

Die Paprikaschoten waschen und halbieren. Stielansatz und weiße Rippen herausschneiden. Das Fruchtfleisch in kleine Würfel schneiden. Die Gewürzgurke ebenfalls würfeln.

2.

Den Hüttenkäse mit dem Essig verrühren und die Gemüsewürfel darunter mischen. Das Ganze mit Salz und Pfeffer würzen. Zum Schluss den Schnittlauch darauf streuen.

DESSERTS

SÜSSER FRÜCHTEEINTOPF MIT VANILLEEIS AN KASTANIENHONIGESSIG

Zubereitungszeit: ca. 30 Min.
Etwa 380 kcal je Portion

Für 4 Personen

1 Apfel, 250 g Zwetschgen
120 g kernlose helle Trauben
120 g Brombeeren, 80 g Butter
4 EL brauner Zucker
40 ml (etwa 4 EL) Kastanienhonig-Essig
4 Kugeln Vanilleeis
einige Blättchen Zitronenmelisse

1.

Die Früchte putzen und waschen. Die Äpfel entkernen, die Zwetschgen entsteinen. Die Trauben von den Stielen zupfen. Äpfel, Zwetschgen und Trauben mit der Butter in einen Topf geben und anbraten. Die Brombeeren hinzufügen und alles sorgsam schwenken.

2.

Zum Servieren die Früchte anrichten und mit dem Essig beträufeln. Das Vanilleeis darauf setzen und das Dessert mit den Melisseblättchen verzieren.

Mandelhalbgefrorenes mit Vanilleessig-Sabayon

Zubereitungszeit: ca. 35 Min.
(plus 24 Std. Gefrierzeit)
Etwa 325 kcal je Portion
Dazu passen kleine Bratäpfel

Für 4 Personen

Für das Halbgefrorene:
4 Eigelb
60 g Zucker
40 ml Amaretto
60 g Mandelblättchen
2 Eiweiß
4 EL Puderzucker
140 g Crème Double
4 kleine Dessertförmchen

Für die Sabayon:
4 Eigelb
60 g Honig
140 ml Vanilleessig
1 Prise Salz

1.

Für das Mandelhalbgefrorene die Eigelbe mit dem Zucker im heißen Wasserbad schaumig schlagen. Die Schüssel aus dem Wasserbad nehmen und den Amaretto unter das Eigelb schlagen.

2.

Die Mandelblättchen in einer kleinen Pfanne ohne Fettzugabe hellbraun rösten und abkühlen lassen. Sie leicht zerdrücken und in die Eigelbmasse geben.

3.

Die Eiweiße steif schlagen und währenddessen den Puderzucker hineinrieseln lassen. Die Crème Double in einer anderen Schüssel ebenfalls steif schlagen. Eiweiß und Crème Double vorsichtig unter die Eigelb-Mandel-Masse heben. In die Dessertförmchen füllen und für 24 Stunden in den Gefrierschrank stellen.

4.

Anschließend für die Sabayon alle Zutaten mischen und im heißen Wasserbad aufschlagen, bis die Masse eine feste Konsistenz hat.

5.

Das Parfait aus den Förmchen lösen (sie dazu eventuell kurz in heißes Wasser tauchen). Es dann in Scheiben schneiden und auf Tellern anrichten. Mit Sabayon halb überziehen.

Tiramisu von Essig-Äpfeln

Zubereitungszeit: ca. 40 Min.
(plus 24 Std. Kühlzeit)
Etwa 900 kcal je Portion

Für 4 Personen

Für den Boden:
1 heller Biskuitboden
50 ml Amaretto
100 ml starker Kaffee
4 Äpfel (z. B. Boskop)
2 EL Zucker
10 ml (etwa 1 EL) Apfelessig
30 ml Rosenblütenessig
40 ml Wasser

Für die Creme:
2 Eigelb
100 g Puderzucker
150 g Mascarpone
3 Blatt weiße Gelatine
etwas Weißwein
2 Eiweiß
1 EL Zucker
100 ml süße Sahne

Für den Saucenspiegel:
4 EL Spätburgunderessig-Gelee
4 TL Vanillecreme (Fertigprodukt)
Etwas Kakaopulver zum Bestäuben

1.

Den Biskuitboden mit Amaretto und Kaffee tränken. Die Äpfel schälen, das Kernhaus entfernen und das Fruchtfleisch fein reiben. Zucker, Essige und Wasser in einem kleinen Topf erhitzen und die Apfelraspel darin weich dünsten. Dann auskühlen lassen.

2.

Für die Creme die Eigelbe zusammen mit dem Mascarpone und dem Puderzucker schaumig rühren. Die Gelatine in etwas kaltem Wasser für etwa 10 Minuten einweichen, dann ausdrücken. In etwas warmem Weißwein auflösen und in die Mascarponecreme einrühren.

3.

Die Eiweiße mit dem Zucker steif schlagen und vorsichtig unter die Mascarponemasse heben. Die Sahne ebenfalls steif schlagen und darunter ziehen.

4.

Einen Tortenring um den Biskuitboden legen. Die Apfelmasse auf dem Boden verteilen. Darauf die Mascarponecreme streichen.

5.

Zum Servieren den Essig-Gelee in einem kleinen Topf erwärmen und einen Saucenspiegel auf die Teller gießen. Einen Löffel Vanillecreme darauf geben. Nun mit einem Esslöffel eine Portion Tiramisu ausstechen, mit Kakao bestäuben und auf die Vanillecreme setzen.

Zwetschgenterrine mit Trockenbeerenauslese-Sabayon

Zubereitungszeit: ca. 2 1/4 Std. (plus 3–4 Std. Kühlzeit)
Etwa 195 kcal je Portion

Für 4 Personen

750 g Zwetschgen
100 g Zucker
Saft von 1/2 Orange
abgeriebene Schale 1 Orange
2 EL Pistazienkerne
3 EL Walnüsse, 2 EL Pinienkerne
3 Blatt weiße Gelatine
20 ml Zwetschgenwasser
20 ml Armagnac, 4 Orangen
3 Eigelb, 100 g Zucker
1/8 l sehr trockener Weißwein
30 ml (etwa 3 EL) Trockenbeerenauslese-Essig
4 EL Puderzucker
4 Zweiglein Zitronenmelisse

1.

Die Zwetschgen entsteinen und zusammen mit dem Zucker vollständig verkochen. Es muss sich eine geleeartige Masse bilden. Den Orangensaft und die Orangenschalen darunter mischen und das Ganze abkühlen lassen.

2.

Die Nüsse und die Pinienkerne grob hacken. Die Gelatine in wenig Wasser etwa 10 Minuten einweichen, ausdrücken und dann zusammen mit den Nüssen unter die Zwetschgen rühren. Schließlich das Zwetschgenwasser und den Armagnac hinzufügen.

2.

Die Hälfte der Zwetschgenmasse in eine Terrinenform (ca. 25 cm lang) füllen. Die Orangen filetieren. Sie dazu mit einem scharfen Messer so schälen, dass die weiße Haut vollständig abgeschnitten wird. Dann die Filets aus den seitlichen Trennhäutchen herausschneiden. Sie auf die Zwetschgenmasse legen. Darauf die zweite Hälfte der Zwetschgenmasse geben und glatt streichen. Die Terrine für 3 bis 4 Stunden kalt stellen.

3.

Für die Sabayon die Eigelbe mit dem Zucker schaumig schlagen. Langsam den Weißwein hinzufügen. Das Ganze im Wasserbad schön schaumig aufschlagen. Mit Essig aromatisieren.

4.

Zum Servieren die Terrine aus der Form stürzen und in Scheiben schneiden. Das geht sehr gut mit einem elektrischen Messer. Den Tellerrand mit dem Puderzucker einstäuben und die Terrinenscheiben auf den Tellern anrichten. Die Sabayon angießen und das Ganze mit der Zitronenmelisse verzieren.

Apfelsorbet mit Eisweinessig

Zubereitungszeit: ca. 40 Min.
(plus 6 Std. Kühlzeit)
Etwa 195 kcal je Portion

Für 4 Personen

3 Blatt weiße Gelatine
250 ml Wasser
325 g Zucker
1 kg Äpfel
Saft und Schale 1 Zitrone
50 ml Eisweinessig

1.

Die Gelatine in wenig Wasser etwa 10 Minuten einweichen, dann ausdrücken. Wasser und Zucker in einen Topf geben und einmal aufkochen lassen. Die eingeweichte Gelatine darin auflösen und das Ganze etwa 6 Stunden abkühlen lassen.

2.

Die Äpfel schälen, vierteln, entkernen und in wenig Wasser weich dünsten. Sie zum Zuckerwasser geben und das Ganze fein pürieren. Zitronensaft und -schale hinzufügen und unter die Sorbetmasse rühren.

3.

Das Apfelsorbet für etwa 2 Stunden in den Gefrierschrank stellen. Währenddessen mehrmals umrühren und dabei den Eisweinessig langsam dazugeben, damit die Masse locker bleibt.

KONFEKT

DATTELKONFEKT

Zubereitungszeit: ca. 45 Min.
Etwa 30 kcal je Portion

Für etwa 40 Konfektkugeln

2 Tassen Cornflakes (100 g)
250 g entkernte Datteln
50 g Walnüsse, 2 EL Honig
1 EL Butter (etwa 10 g)
2–3 EL Weinessig Auslese
50 g Puderzucker zum Wälzen
40 Walnusshälften
40 Papiermanschetten für Pralinen

1.

Die Walnüsse fein hacken. Alle Zutaten, bis auf den Puderzucker in eine Rührschüssel geben und verkneten. Kleine Kugeln (Pralinengröße) formen.

2.

Die Pralinenkugeln im Puderzucker wälzen. Jeweils 1 Walnusshälfte darauf setzen und festdrücken. Zum Servieren in die Papiermanschetten legen.

Essigmakronen

Zubereitungszeit: ca. 20 Min.
Etwa 50 kcal je Portion

Für 60 Makronen

50 g Zartbitterschokolade
4 Eiweiß
4 EL Vanilleessig
250 g Puderzucker
200 g Kokosflocken
1 TL starken Kaffee

1.

Die Schokolade fein reiben. Das Eiweiß in eine hohe Rührschüssel geben und zusammen mit dem Essig steif schlagen. Den Puderzucker hinzufügen und das Ganze so lange schlagen, bis die Masse cremig ist.

2.

Die Schokolade, die Kokosflocken und den Kaffee vorsichtig unter die Eischneemasse heben. Ein Backblech mit Backpapier auslegen. Mit zwei Teelöffeln kleine Häufchen darauf setzen und die Makronen für etwa 30 Minuten in den Kühlschrank stellen. Den Backofen auf 150 °C vorheizen.

3.

Die Makronen auf der mittleren Einschubleiste im Ofen etwa 20 Minuten trocknen.

Marzipankugeln

Zubereitungszeit: ca. 45 Min.
(plus Einweichzeit über Nacht)
Etwa 58 kcal je Portion

Für 35 Kugeln

35 Rosinen
100 ml Weinessig aus Scheurebe Auslese
100 g gemahlene Mandeln
100 g Orangeat
100 g Marzipan
170 g gehackte Mandeln

1.

Die Rosinen in eine kleine Schüssel geben, den Essig darauf gießen und die Früchte über Nacht einweichen lassen.

2.

Die Rosinen am nächsten Tag durch ein Sieb geben und abtropfen lassen. Dabei etwa 4 Esslöffel Essig auffangen. Eine Pfanne ohne Fett erhitzen und die gemahlenen Mandeln darin hellbraun rösten. Das Orangeat im Mixer fein zerkleinern.

3.

Die zurückbehaltenen 4 Esslöffel Essig in eine Rührschüssel geben. Die Mandeln, das Orangeat sowie das Marzipan hinzufügen und alles sorgfältig verkneten.

4.

Aus dem Teig Kugeln formen (etwa 12 cm Ø) und dabei in jede Kugel eine eingelegte Rosine kneten. Die Marzipankugeln zum Schluss in den gehackten Mandeln wälzen.

DINKEL-MANDEL-TALER

Zubereitungszeit: ca. 30 Min.
Etwa 60 kcal je Portion

Für 50 Taler

1 Vanilleschote
200 g Dinkelmehl
200 g gemahlene Mandeln
100 g Butter
100 g Honig
2–3 EL Orangeat
2–3 EL Weinessig aus Scheurebe Auslese
1 Msp. Salz
1 TL Zimt

1.

Die Vanilleschote längs halbieren und das Mark herauskratzen. Alle übrigen Zutaten und das Vanillemark in einer Rührschüssel miteinander verkneten.

2.

Den Teig auf einer bemehlten Fläche etwa 1/2 cm dick ausrollen. Fünfmarkstückgroße Plätzchen ausstechen und auf ein engmaschiges Gitter legen.

3.

Die Plätzchen auf dem Gitter in den Backofen schieben (mittlere Einschubleiste) und bei 60 °C etwa 30 Minuten trocknen (nach etwa 15 Minuten den Bräunungsgrad kontrollieren).

Orange Comfort

Für 1 Cocktail

Für den Cocktail:
1 cl Southern Comfort
1 cl Anisette
1,5 cl Orangensaft (am besten frisch gepresst)
1 cl Essig mit Orangenblütenhonig
4 Eiswürfel

Außerdem:
1 Zwergorange

1.

Die Zutaten in einen Shaker geben und gut schütteln. Den Drink dann in ein vorgekühltes Cocktailglas abseihen.

2.

Zur Dekoration die Zwergorange an den Glasrand stecken.

Coffee Cup

Für 1 Cocktail

Für den Cocktail:

1 kleine Kugel Schokoladeneis

1 cl Cherry Brandy

1 cl Weinbrand

1 cl Essig mit Kaffeeblütenhonig

3 cl Vollmilch

Außerdem:

1 Prise Kakaopulver

einige Eiswürfel

1.

Alle Zutaten für den Cocktail in einen Mixer (Blender) geben und bei höchster Leistung etwa 10 Sekunden mixen.

2.

Die Eiswürfel in einen Tumbler geben, die Flüssigkeit darauf gießen und das Ganze zu Dekoration mit dem Kakaopulver bestreuen.

VERMOUTH CASSIS

Für 1 Cocktail

Für den Cocktail:
3 Eiswürfel
4,5 cl trockener Wermut
1 cl Crème de Cassis
1 Spritzer Weinessig mit schwarzen Johannisbeeren
Sodawasser zum Auffüllen

Außerdem:
1 Johannisbeerrispe

1.

Die Eiswürfel in ein großes Weinglas geben. Wermut, Crème de Cassis und Weinessig darauf gießen und das Ganze mit Sodawasser auffüllen, kurz umrühren.

2.

Zum Servieren die Johannisbeerrispe an den Glasrand hängen.

Payoff

Für 1 Cocktail

Für den Cocktail:
1 kleine Kugel Vanilleeis
1,5 cl Amaretto
1,5 cl Weinbrand
1 cl Weinessig mit Honig und Vanille („Funilla")
3 cl Vollmilch

Außerdem:
Einige Eiswürfel
1 EL Mandelblättchen

1.

Alle Zutaten für den Cocktail in einen Mixer (Blender) geben und bei höchster Leistung etwa 10 Sekunden mixen.

2.

Die Eiswürfel in einen Tumbler geben, Drink darauf gießen und das Ganze mit Mandelblättchen bestreuen.

COFFEE GRAND MARNIER

Für 1 Cocktail

Für den Cocktail:
1 cl Kaffeelikör
1 cl Grand Marnier
1 cl Orangensaft
1 Spritzer Essig mit Orangenblütenhonig
1 EL Crashed Ice

Außerdem:
1 Orangenscheibe

1.

Alle Zutaten für den Cocktail miteinander verrühren und in eine vorgekühlte Sektschale gießen.

2.

Zum Servieren die Orangenscheibe an den Glasrand stecken.

Apricot and Raspberry Sour

Für 1 Cocktail

Für den Cocktail:
2 cl Aprikosenlikör
1 cl Himbeerlikör
2 Spritzer Weinessig mit Himbeeren
2 cl Orangensaft (am besten frisch gepresst)
4 Eiswürfel

Außerdem:
1/2 Orangenscheibe
1 Himbeere

1.

Alle Zutaten für den Cocktail in einen Shaker geben und gut schütteln. Das Ganze in einen vorgekühlten Tumbler abseihen.

2.

Zur Dekoration eine halbe Orangenscheibe und eine Himbeere an den Glasrand stecken.

Brandy Cassis

Für 1 Cocktail

Für den Cocktail:
2,5 cl Weinbrand
2 TL Crème de Cassis
2 Spritzer Weinessig mit Johannisbeere
einige Eiswürfel

Außerdem:
1 Zweig Zitronenmelisse

1.

Die Zutaten für den Cocktail in einen Shaker geben und gut schütteln. Dann in ein vorgekühltes Cocktailglas abseihen.

2.

Zum Servieren die Zitronenmelisse an den Glasrand stecken.

Polonaise Palatinat

Für 1 Cocktail

Für den Cocktail:
1 EL Zitronensaft
1 EL Zucker
1 TL Brombeerlikör
1/2 TL Weinbrand
1 Spritzer Weinessig mit wilden Brombeeren
8 cl eisgekühlter Weißburgunder Winzersekt brut.

Außerdem:
1 Brombeere

1.

Den Rand eines Cocktailglases zuerst in Zitronensaft und dann in Zucker tauchen. Dann den Likör, den Weinbrand und den Essig ins Glas geben und den Drink umrühren.

2.

Zum Schluss den Sekt hinzufügen und noch einmal ganz vorsichtig umrühren. Eine Brombeere auf einen Metallsticker stecken und auf das Glas legen.

REZEPTVERZEICHNIS

Bezugsquellen edler Essige

Alle in diesem Buch genannten Essigsorten erhalten Sie im
Weinessiggut Doktorenhof
Raiffeisenstraße 5
67842 Venningen
Aber auch Winzer, Weinhandlungen, Feinkostgeschäfte und Feinkostabteilungen vieler Warenhäuser führen hochwertige Essigsorten.

Zum Thema „Essig" sind im FALKEN Verlag viele Titel erschienen. Sie erhalten Sie überall dort, wo es Bücher gibt.

Sie finden uns im Internet: **www.falken.de**

Dieses Buch wurde auf chlorfrei gebleichtem und säurefreiem Papier gedruckt.

Der Text dieses Buches entspricht den Regeln der neuen deutschen Rechtschreibung

ISBN 3 8068 7403 4

Umschlaggestaltung: Peter Udo Pinzer
Gestaltung: Horst Bachmann
Redaktion: Barbara Fleig
Umschlagfoto: Wolfgang Feiler, Karlsruhe
Fotos im Innenteil: Bavaria Bildagentur, Gauting: S. 9; **Faber und Partner,** Düsseldorf: S. 17; **Keystone Pressedienst,** Hamburg: S.19; **StockFood,** München: S. 6 (Uwe Bender), 1 (Bonisolli), und 125 (Eising); **G. H. Wiedemann,** Venningen: S. 3, 5 und 45; alle übrigen Fotos: **FALKEN Archiv**

Satz-/Lithobearbeitung:
DM-SERVICE Mahncke & Pollmeier GmbH & Co. KG, Rodgau
Druck: Freiburger Graphische Betriebe GmbH, Freiburg

817 2635 4453 6271